ईश्वर से मुलाकात

तुम्हें जो लगे अच्छा, वही मेरी इच्छा

ईश्वर से मुलाकात

तुम्हें जो लगे अच्छा, वही मेरी इच्छा

by **Sirshree** Tejparkhi

प्रथम आवृत्ति : मई 2013

रीप्रिंट : जनवरी 2015, **जून** 2016,

दिसंबर 2023, **जुलाई** 2024

प्रकाशक : वॉव पब्लिशिंग्ज् प्रा. लि., पुणे

प्रिंटर : ट्रिनिटी अकादमी, पुणे

ISBN: 978-93-52662-86-9

Tejgyan Global Foundation is a charitable organization with its headquarters in Pune, India.

Ishwar se Mulakat

Tumhe Jo Lage Achha, Vahi Meri Ichha

यह पुस्तक समर्पित है
हर उस इनसान को
जो भक्ति का महत्त्व जानकर
उसे जीवन में उतार रहा है।

अनुक्रम

अध्याय 1

7 शब्दों की शक्ति

प्रस्तावना

केवल 7 शब्द आपका जीवन बदल सकते हैं। इन सात शब्दों में भक्ति का सार छिपा है। ये सात शब्द केवल मंत्र नहीं बल्कि ऐसी प्रार्थना है जिसे दोहराकर आप ईश्वर के करीब पहुँच सकते हैं। इन सात शब्दों की प्रार्थना पर यदि आप विश्वास कर लें तो वह आपके जीवन की हर समस्या को विलीन कर सकती है।

जी हाँ! ये वही 7 शब्द हैं, जिनसे इस पुस्तक की आभा खुली है। इन 7 शब्दों में समर्पण और शक्ति है। इनकी गहराई आपको इस पुस्तक को पढ़ते-पढ़ते समझ में आएगी। ये 7 शब्द जुड़े हैं आपके और ईश्वर के बीच में।

ये सात शब्द हैं :

तुम्हें जो लगे

अच्छा,

वही मेरी

इच्छा।

भक्ति के रंग में रंगे हुए प्यारे मोतियो,

भक्ति के संग रहकर हरेक खोजी मोती की तरह चमकने लगता है। तो क्यों न आप भी भक्ति के संग का रंग लगने के लिए पहले ज्ञान प्राप्त कर लें।

सत्य की प्यास जगते ही इंसान पहले ज्ञान की खोज करता है परंतु सत्य की प्यास केवल ज्ञान मिलने से नहीं मिटती। इसके लिए ज्ञान और भक्ति का योग होना आवश्यक है।

अनेकों मार्गों से गुजरने के बाद भी खोजी आंतरिक संतुष्टि प्राप्त न होने पर आखिर जब भक्ति की तरफ बढ़ता है तब उसके मन में यह प्रश्न उठता है कि 'मेरे अंदर भक्ति कैसे जाग्रत होगी?' इस इच्छा के जाग्रत होने से पहले वह भक्ति को पसंद भी नहीं करता था, 'भक्ति' शब्द सुनना भी उसे अच्छा नहीं लगता था बल्कि उसे तो ऐसा लगता था कि 'भक्ति किसी और के लिए है, न कि मेरे लिए।'

आपने भी कभी न कभी पहली बार 'भक्ति' शब्द सुना होगा लेकिन उसे कैसे सुना होगा? बिलकुल उसी तरह सुना होगा, जैसे यह किसी भोजपुरी फिल्म का नाम हो। यदि आपको किसी भोजपुरी फिल्म का नाम बताया जाए तो आप कहेंगे कि 'हाँ, मैंने नाम तो सुना है लेकिन मुझे मालूम नहीं था कि यह फिल्म मुझे देखनी है।' अतः नाम सुनने के बाद भी वह फिल्म देखने का विचार आपको नहीं आता क्योंकि वह आपके क्षेत्र की और आपकी भाषा की नहीं है। इसका अर्थ यह नहीं है कि भोजपुरी फिल्म में कोई बुराई है।

भक्ति भी ऐसी ही एक फिल्म की तरह है। आपने उसका नाम तो सुना था लेकिन आपको यह विचार नहीं आया कि 'यह मेरे साथ होनी है, यह मुझे होनी है, इसमें मुझे जाना है, मुझे भक्त बनना है।' हालाँकि कुछ लोग ऐसे भी रहे होंगे, जिन्हें यह विचार आया होगा लेकिन उन्हें पता ही नहीं था कि भक्ति के साथ कौन सी क्रिया होती है... वृत्तियों से मुक्ति कैसे मिलती है... भक्ति में आज्ञा पर कैसे रहना पड़ता है, भक्ति में कैसे जीना पड़ता है...। उन्हें तो बस इतना पता था कि सुबह अगरबत्ती या दीया जलाकर छूट जाना है। उन्हें लगता था पूरे दिन में भक्ति का कोई काम नहीं होता क्योंकि उसके बाद हमें व्यावहारिक होना पड़ता है। इन्हीं कारणों से भक्ति सिर्फ पूजाघरों तक ही सीमित रह गई है।

यदि लोगों को यह पता होता कि भक्ति हमें ईश्वर से मिलाने का जरिया है तो वे किसी गलतफहमी में जीवन नहीं जीते बल्कि अपने जीवन को सार्थक बना पाते और ईश्वर को कह पाते, **'तुम्हें जो लगे अच्छा, वही मेरी इच्छा।'**

ईश्वर मुलाकात महत्त्व

इंसान हमेशा यह शिकायत करता रहता है कि 'मेरे पास समय नहीं है।' लेकिन जब उसे खबर मिलती है कि 'हमारे शहर में प्रधानमंत्री आनेवाले हैं' या 'शहर में क्रिकेट का मैच होनेवाला है' या 'आपका पसंदीदा कलाकार आनेवाला है' तो इसके लिए वह छुट्टी निकाल ही लेता है। ऐसे में सोचनेवाली बात यह है कि यह समय कहाँ से आ गया? असल में जब आपको पता चलेगा कि ईश्वर के साथ मुलाकात का महत्त्व क्या है तब आप उसके लिए समय निकाल ही लेंगे।

अतः समझ के साथ जो भक्ति होगी, वह दिव्य भक्ति होगी। जब भक्ति की वजह से गहरी खोज होती है तो वह दिव्य भक्ति बन जाती है।

भक्ति तब तक अच्छी नहीं लगती,

जब तक जाग्रत नहीं होती।

जब भक्ति जगती है तो

भक्ति से अच्छी कोई चीज़ नहीं होती।

इसलिए आप भी कहें– तुम्हें जो लगे अच्छा.....

सरश्री...

खंड १

भक्ति नियामत

भक्ति बढ़ाने के लिए क्या करें?

भक्ति बढ़ाने के लिए भक्ति संघ में रहें। जिन लोगों को भक्ति आकर्षित करती है, वे अपने आप भक्ति संघ में यानी भक्ति के साथ रहने लगते हैं। इससे भक्ति बढ़ने लगती है। जिस भी चीज़ के साथ आप रहते हैं, उसका रंग आपको लगता ही है। जैसे संघ का रंग कहा जाता है, वैसे ही भक्ति का संघ आपको भक्ति का रंग लगाएगा।

अध्याय 2

सबसे बड़ी नियामत

भीतर भक्ति जाग्रत करें

सबसे बड़ी नियामत का अर्थ है भक्ति की सौगात जो हर इंसान को दी गई है। भक्ति नियामत आपको ईश्वर के संपर्क में लाती है। कोई ऐसी चीज जो इंसान को ईश्वर के नजदीक ले जाए, इससे बड़ा वरदान उसके लिए और क्या हो सकता है!

जिन लोगों ने भक्ति नियामत प्राप्त की, उनके नाम अकसर हम सुनते आए हैं। उन नामों में से एक नाम है विष्णु भक्त मुनि नारद का। आइए, नारद मुनि की एक प्रचलित कहानी से इस पुस्तक की शुरुआत करें।

एक दिन मुनि नारद ने भगवान विष्णु से सवाल पूछा कि 'आपका सबसे बड़ा भक्त कौन है?'

नारद को उम्मीद थी कि भगवान विष्णु उनका ही नाम लेंगे लेकिन भगवान विष्णु ने किसी और इंसान का नाम लेकर कहा कि 'वह मेरा सबसे बड़ा भक्त है।' यह सुनकर नारद ने भगवान विष्णु से शिकायत के स्वर में कहा, 'मेरे अलावा कोई और आपका सबसे बड़ा भक्त कैसे हो सकता है?

नारद की बात सुनकर भगवान विष्णु को हँसी आ रही थी। नारद से रहा नहीं जा रहा था इसलिए उन्होंने भगवान विष्णु से अप्रसन्नता से पूछा, 'मैं यह जानना चाहता हूँ कि वह इंसान ऐसा क्या करता है, जो मैं नहीं करता?' भगवान विष्णु ने नारद से खुद जाकर देखने की सलाह दी।

नारद की तरह इंसान का मन भी हमेशा जाँच-पड़ताल कर, दूसरों से तुलना-तोलना करता रहता है।

दूसरे ही दिन नारद अपना वेश बदलकर उस इंसान के गाँव में पहुँचे और उन्होंने दिनभर उसका अध्ययन किया। नारद ने देखा कि वह इंसान पूरा दिन अपने घर-गृहस्थी के काम में लगा रहा। पैसे कमाने के लिए उसने कुछ चीजें बनाईं। इस तरह दिनभर काम कर, केवल शाम के समय एक बार उसने भगवान का नाम लिया।

यह देख नारद नाराज हुए और भगवान विष्णु के पास आकर बोले, 'कैसा है आपका यह भक्त, जो आपको ठीक से याद भी नहीं करता। दिन में केवल एक बार आपका नाम लेता है और आप कहते हैं कि यह मेरा सबसे बड़ा भक्त है।'

नारद की बात सुन भगवान विष्णु मुस्कराए और उन्होंने कहा, 'छोड़ो ये सब बातें। मुझे तुम्हें एक जरूरी कार्य देना है। यह तेल से भरा दीया लेकर जाओ और फलाँ पेड़ के नीचे रखकर आओ। लेकिन ध्यान रहे कि इसमें से तेल की एक बूँद भी नीचे गिरनी नहीं चाहिए। पहले यह काम पूरा करके आओ, फिर हम बात करेंगे।'

नारद भगवान विष्णु की आज्ञा अनुसार दीया लेकर धीरे-धीरे वहाँ से चल पड़े और जहाँ पर बताया था, वहाँ ध्यान से दीया रखकर भगवान विष्णु के पास लौट आए।

जैसे ही नारद वापस लौटे भगवान विष्णु ने उनसे पूछा, 'दीया ले जाते समय तथा काम समाप्त होने तक तुमने मुझे कितनी बार याद किया?' नारद ने जवाब दिया, 'आप कैसी बात कर रहे हैं

भगवन? मेरा पूरा ध्यान तो इस बात पर केंद्रित था कि दीए में से तेल की एक भी बूँद न छलके। उसी कार्य में व्यस्त होने के कारण आपका स्मरण तो मुझे एक बार भी नहीं हुआ और वापसी में मैं इस विचार में उलझ गया था कि आपने मुझे यह कार्य क्यों दिया? अत: आपका नाम लेना मैं भूल गया।'

नारद का उत्तर सुनकर भगवान विष्णु हँसकर बोले, 'जैसे ही तुम्हें कोई काम मिला तुम सब कुछ भूल गए। वह इंसान तो दिनभर काम करता है, फिर भी अंतर्मन में मुझे याद करता है। चाहे बाहर से वह मेरा नाम न भी ले रहा हो मगर आंतरिक तौर पर वह अपने स्वअनुभव से जुड़ा हुआ है। अब तुम ही बताओ कि नारायण का सबसे बड़ा भक्त कौन हुआ?'

भगवान विष्णु की बात सुनकर नारद को ज्ञात हुआ कि उन्हें तेल से भरे दीए का कार्य क्यों सौंपा गया था। वे यह भी समझ गए कि केवल मुख से ईश्वर का नाम लेना ही सच्ची भक्ति नहीं है बल्कि हर कार्य में ईश्वर का स्मरण रखना सच्ची भक्ति है। नारद को अपनी आंतरिक अवस्था का एहसास हुआ और जिस अहंकार से वे स्वयं को भगवान विष्णु का सबसे बड़ा भक्त मान रहे थे, वह अहंकार भी समर्पित हो गया।

नारद मुनि की कहानी हर भक्त के लिए ऐसी प्रेरणा बने कि भक्ति क्रिया में आनी शुरू हो जाए। यदि कोई काम न करे और केवल ईश्वर का नाम जपकर भक्त होने का दावा करे तो वह खोखला दावा है। जब भक्त को कोई जिम्मेदारी का कार्य दिया जाता है और उस काम को पूर्ण करने की निश्चित समय सीमा दी जाती है तब यह देखना महत्वपूर्ण होता है कि उस समय में उसके साथ क्या-क्या हुआ।

पौराणिक ग्रंथों में दर्ज कहानी के पीछे यही रहस्य छिपा हुआ है कि भक्ति क्रिया में आ सकती है और कार्य करते हुए भी भक्तियुक्त प्रतिसाद दिया जा सकता है। कार्य के दौरान जब कठिनाई का समय आता है, तब भक्ति की

परीक्षा होती है। उस समय आपको पता चलता है कि आपकी भक्ति कहाँ तक पहुँची है। एक से दस के मापदंड पर भक्ति को कितने अंक प्राप्त हुए हैं।

आपके भीतर जितनी भक्ति जगी है, वही संसार का रोग यानी नफरत, विकार, गलत संस्कार और अहंकार मिटा सकती है। भक्ति में ही यह संभव है कि हर गलत संस्कार (पैटर्न) से इंसान मुक्त हो सकता है।

जिन लोगों को अपने जीवन में भक्ति की सौगात मिलती है, वे बहुत भाग्यशाली होते हैं क्योंकि वे पूर्ण रूप से अहंकार से मुक्त होकर ईश्वर के साथ जुड़ जाते हैं। ऐसे भक्त विश्व में तेजक्रांति लाकर विश्व की चेतना बढ़ाने का सबसे महत्वपूर्ण कर्म करते हैं। ऐसे भक्तों के लिए भक्ति एक ऐसा महासागर है, जिसमें डूबने के बाद उन्हें दुनिया की हर बात भक्ति के सामने छोटी लगने लगती है। उन्हें सांसारिक प्रलोभन, उपहार, ओहदा या माया की किसी भी बात का आकर्षण नहीं होता बल्कि वे अपनी भक्ति में ही पूर्ण आनंद पाकर, आनंद बाँटते हैं।

हर आस्तिक इंसान के मन में ईश्वर के प्रति भक्ति के भाव होते हैं मगर परम भक्त तो वह है, जो पूर्ण स्वीकार, समर्पण और समझ के साथ जीवन जीता है। उसकी भक्ति दिव्य भक्ति कहलाई जाएगी।

आप यदि भक्ति की इस सुंदर यात्रा की शुरुआत करने जा रहे हैं तो आपके मन में उठ रहे कुछ सरल सवालों के जवाब आगे के अध्याय में दिए गए हैं।

अध्याय 3

भक्ति की शुरुआत

छह सवाल

ईश्वर से मुलाकात करने की जिस यात्रा की आपने शुरुआत की है, उसे भक्ति कहा गया है। भक्ति मार्ग पर चलनेवालों की यात्रा में भक्त पहले बाहर की प्रकृति का गुणगान करता है। जब वही भक्त अपनी यात्रा में मंजिल के निकट पहुँचता है तो वह अंदर के प्रकृति का गुणगान करता है। इस अवस्था तक पहुँचने से पहले, भक्त के मन में इस यात्रा के दरम्यान, भक्ति के विषय में छह प्रमुख सवाल उठते हैं, जिनके जवाब इस प्रकार हैंः

1. भक्ति क्या है?

भक्ति है प्रेम से प्रेम।

इसे समझने के लिए इस पंक्ति पर गौर करना होगा–

'ईश्वर प्रेम है, प्रेम ही ईश्वर है।'

ईश्वर प्रेम है ऐसा क्यों कहा गया? यह समझने के बाद ही स्पष्ट होगा कि प्रेम से प्रेम होना, भक्ति कैसे है। इसे एक उदाहरण द्वारा समझना आसान होगा।

जैसे कोई इंसान अपने अलग-अलग रूप में, अलग-अलग कपड़ों में, अलग-अलग जगहों पर अनेक चित्र बनाए तो आप ऐसे इंसान के बारे में क्या धारणा बनाएँगे? यही कहेंगे कि उसे अपने आपसे बड़ा प्रेम है। ठीक इसी तरह ईश्वर ने भी अपनी असीम शक्ति द्वारा अपने आपको प्रकट कर, प्रेम, आनंद, मौन की अभिव्यक्ति करने हेतु बहुत सारे रूप धारण किए हैं। संसार के सारे प्राणी उसके ही चित्र हैं! तो बताइए, ईश्वर अपने आपसे कितना प्रेम करता है! वह आज भी पुराने चित्र हटाकर अपने नित नए, नूतन, अलग-अलग तरह के रंगीन चित्रों का निर्माण करने में लगा हुआ है। इसलिए कहा जाता है कि ईश्वर प्रेम है। जब आपको ईश्वर से प्रेम हो जाता है तब समझ लीजिए, प्रेम से प्रेम हो गया है। प्रेम से प्रेम हो जाना ही भक्ति है।

2. भक्ति कौन करे?

इंसान के मन में एक मूल प्रश्न हमेशा उठता है- शरीर भक्ति करे या मन? शरीर झुकता है या मन? इसका जवाब है जब तक मन में क्रिया का विचार नहीं उठता तब तक शरीर अपने आप कुछ नहीं कर पाता। अगर आपको सुबह बिस्तर से उठने का विचार नहीं आया तो आपका शरीर सुबह नहीं उठ सकता। इसलिए पुराने समय से लोग हर सुबह जब जागते हैं तो ईश्वर से कृतज्ञता जताते हुए कहते हैं- 'हे ईश्वर! आज का नया दिन दिखाया इसलिए आपका हार्दिक धन्यवाद।' तात्पर्य- ईश्वर (सेल्फ) द्वारा शरीर को विचार दिए जाने पर ही शरीर कार्य कर पाता है।

यहाँ पर समझने योग्य एक और बात है कि हमारा शरीर- मंदिरों, मस्जिदों, गुरुद्वारों और गिरजाघरों में झुकता है। मगर क्या कभी हमारा मन[1] झुका है? क्या कभी हमारे विचार झुके हैं? क्या कभी हम निर्विचार हुए हैं? नहीं। क्योंकि सत्य पाने में मन ही एक ऐसी बाधा है, जिससे हम छुटकारा पाना चाहते हैं। मन में यदि माया के विचार हैं तो इंसान बाहर की यात्रा करता है। परंतु जब उसे मार्गदर्शन देनेवाले गुरु मिल जाते हैं तब वह अंदर की यात्रा कर, विचारों के मूल स्थान, तेजस्थान (हृदय) तक पहुँच जाता है, जहाँ परम आनंद और मौन है।

---

[1] तुलना, तोलना करनेवाला अहंकारी मन

वास्तव में देखा जाए तो सत्य प्राप्ति के लिए ही पूरे विश्व में मंदिरों, मस्जिदों या गिरिजाघरों के आविष्कार हुए। ये सब इशारे हैं उस परम सत्य की ओर, जिसके लिए सर्व प्रथम यह समझना होगा कि भक्ति कौन कर रहा है? भक्ति कर रहा है- हमारा मन! और उसका माध्यम है हमारा शरीर!!

3. भक्ति कब करें?

क्या भक्ति करने के लिए कोई नियोजित समय होता है? नहीं! फिर भी शुरुआत में एक समय तय कर लें ताकि इस मन से आपको थोड़ी सी सहायता मिल जाए। अकसर आप देखते हैं कि जब कोई काम एक ही समय पर, एक ही जगह पर, एक ही आसन में और एक ही तरीके से किया जाता है तब मन को उसकी आदत होने लगती है। वह समय आते ही मन अपने आप उस काम में रम जाता है। बस! यही वजह है कि मन को सही समय, स्थान और आसन में बिठाया जाए ताकि एक अंतराल के बाद वह खुद-ब-खुद भक्ति रस में डूब जाए।

सुबह तथा शाम का वक्त रात और दिन के बीच का समय है। इसी बीचवाले समय को महत्त्व दिया गया है। इन समय को कहा गया है संधि (जोड़)। इसी शब्द से 'संध्या' शब्द आया है! शाम की बेला से यह शब्द जुड़ा है! संध्या पूरी हुई यानी मन को जिस कार्य में लगाना था, वहाँ लगाया गया तो संध्या का अर्थ पूरा हुआ।

अतः भक्ति ऐसे समय पर करें, जब इस मन से आपको सहायता मिले! परंतु आध्यात्मिक जगत में भक्ति को इस गलत मान्यताओं के साथ जोड़ दिया गया है कि 'फलाँ-फलाँ समय में भक्ति करनी है और फलाँ-फलाँ समय में नहीं करनी है।' ऐसे गलत दायरे में भक्ति को नहीं समेटना है। भक्ति तो हर समय हो सकती है। जब मन भक्ति-भावना से सराबोर हो जाता है तब भक्ति ही बचती है। फिर कोई पल भक्ति बिना खाली नहीं रह जाता।

4. भक्ति क्यों करें?

आपसे अगर कोई पूछे कि 'आप खाना क्यों खाते हैं?' तब आप कारण बताएँगे कि 'पेट भरने के लिए।' इसके जवाब में यदि आपसे एक और सवाल

किया जाए कि अगर खाना खाने से पेट नहीं भरता और न ही उससे शरीर को ऊर्जा (energy) मिलती तो क्या फिर भी आप खाना खाते? जवाब होगा, 'हाँ! हम खाना जरूर खाएँगे, खाने का आनंद लेंगे।', वह इसलिए क्योंकि पेट की संतुष्टि के लिए खाना अपने आपमें एक पूर्णता है। उसी तरह भक्ति अपने आपमें पूर्ण है, उसे किसी 'क्यों' के साथ जोड़ने की जरूरत ही नहीं है। भक्ति अपने आपमें एक बड़ा फल है। भक्ति रास्ता नहीं, खुद मंजिल है। भक्ति अपने आपमें संपूर्ण आनंद है।

अगर आपसे भक्ति हो रही है इसका मतलब ईश्वर आपसे प्रसन्न है। वरना अधिकतर लोगों की यह मान्यता होती है कि भक्ति करेंगे तो ईश्वर प्रसन्न होगा। हकीकत बिलकुल इसके विपरीत है ईश्वर आपसे प्रसन्न है, इस वजह से भक्ति हो रही है। अर्थात ईश्वर की प्रसन्नता के अभाव में भक्ति निकलती ही नहीं। ईश्वर खुशी है, भक्ति इजहार है।

5. भक्ति कहाँ करें?

कौनसे स्थान पर भक्ति करनी चाहिए? जब संत नामदेव महाराज को परम सत्य का बोध प्राप्त हुआ तब भगवान विठ्ठलजी उनके घर गए। उन्होंने संत नामदेव से पूछा, 'क्या बात है आज-कल आप मंदिर नहीं आते हैं?' तब नामदेवजी ने जवाब दिया, 'हे भगवंत! मैं अगर यह सोचकर मंदिर जाऊँ कि आप मुझे वहीं पर मिलेंगे तो इसका अर्थ आप यहाँ पर नहीं हैं। यह तो आपका अपमान होगा।' इस कहानी में नामदेवजी हमें बता रहे हैं कि ईश्वर हर जगह है। इसे दूसरे शब्दों में कहा जाए तो ईश्वर उपासना हर जगह हो सकती है।

उपरोक्त स्पष्टीकरण से यह भी नहीं मानना चाहिए कि मंदिर नहीं जाना है। मंदिर जाएँ मगर यह सोचकर नहीं कि 'ईश्वर सिर्फ मंदिर में ही मौजूद है या ईश्वर से मुलाकात केवल मंदिर में ही होगी।' ईश्वर तो सभी के साथ सब जगह है। सब में रब है, रब में सब है। अर्थात जहाँ भी मौका मिले, वहाँ भक्ति की अभिव्यक्ति करनी चाहिए।

6. कैसे करें भक्ति?

बिल्ली का बच्चा सिर्फ इतना ही जानता है कि 'म्याऊँ - म्याऊँ' करके

अपनी माँ को अपने पास कैसे बुलाना चाहिए। आगे क्या करना है, कैसे करना है, यह सब बिल्ली को पता होता है। अपने बच्चे को उठाकर छत पर रखना है, रसोईघर में ले जाना है या फिर उसे किसी नरम बिस्तर पर रखना है, यह बिल्ली तय करती है। ठीक उसी तरह भक्त भी अंतिम ज्ञान पाकर यह जान लेता है कि ईश्वर को कैसे पुकारें। फिर परमात्मा स्वयं आकर भक्त की वह इच्छा पूरी करता है, जिसके लिए भक्त ईश्वर को पुकार रहा था। यह बिलकुल उसी तरह से होता है, जिस तरह एक बूँद सागर तक पहुँचती है। इसलिए भक्ति मार्ग पर अग्रसर होनेवाले इंसान के लिए यह अनिवार्य कदम है कि वह अपने भगवान को एक बिल्ली के बच्चे की तरह रात-दिन प्रेम भाव से पुकारकर सच्ची भक्ति की याचना करे!

अध्याय 4

कैसे करें ईश्वर से मुलाकात

भक्ति के दस स्तर

'भक्ति' ईश्वर से मुलाकात करने का एक मुख्य जरिया है। अलग-अलग स्तर पर भक्त की अलग-अलग अवस्थाएँ होती हैं। ऐसे में आपकी भक्ति जितनी निर्मल होगी, उतनी जल्दी आपकी ईश्वर से मुलाकात होगी।

पाठकों की सुविधा के लिए यहाँ पर भक्ति के अलग-अलग स्तर बताए गए हैं। हर स्तर पर इंसान अपनी समझ के हिसाब से, अपने तरीके से ईश्वर से मुलाकात करने का प्रयास करता है।

पहला स्तर – अंध भक्ति

पहले स्तर की भक्ति में समझ व ज्ञान का अभाव होता है। भक्ति की शुरुआत अंध भक्ति से भी हो सकती है, इसे हम एक उदाहरण द्वारा विस्तार से समझेंगे।

एक लड़का है, जिसकी माँ बीमार है। माँ का बदन तेज बुखार से तप रहा है। वह लड़का अपनी माँ को ठीक करना चाहता है परंतु उसे यह समझ नहीं है कि माँ को ठीक करने के लिए क्या करे? फिर अचानक उसे याद आता है कि उसने एक लकड़हारे को देखा

था, जिसकी कुल्हाड़ी गरम हो गई थी तो उसने अपनी कुल्हाड़ी को पानी में भिगोकर ठंढा किया था। अब उस लड़के ने सोचा कि गरम चीज को ठंढा करने का यह अच्छा तरीका है। इसी समझ के साथ उसने बुखार में तपती हुई माँ को तालाब के पानी में बार-बार डुबकी लगवाई। अब आप ही सोचिए नासमझ लड़के द्वारा माँ को बचाने का यह तरीका कितना लाभदायी साबित हुआ होगा? उसकी इस क्रिया से क्या उसकी माँ बच पाई?

इस उदाहरण से समझ में आता है कि वह लड़का मातृभक्त था और अपनी माँ का हित चाहता था। वह भक्ति तो कर रहा था मगर उसकी भक्ति में समझ नहीं थी, जिस कारण वह माँ का हित चाहते हुए भी अहित कर बैठा।

ज्ञान के अभाव में कई बार इंसान भक्ति के नाम पर गलत मार्ग पर चला जाता है। वह ढोंगी साधुओं, ज्योतिषियों, तांत्रिकों और ठगों के चक्कर में पड़कर अपना अहित कर बैठता है। कर्मकाण्ड, पाखण्ड, अकर्मण्यता और नशे जैसे व्यसनों के जाल में भी फँस जाता है। इसलिए भक्ति में ज्ञान और समझ का होना बेहद आवश्यक है।

दूसरा स्तर – कर्म भक्ति

जब खोजी को यह समझ मिलती है कि सब कर्मों का खेल है तो वह भक्ति के पहले स्तर से ऊपर उठकर दूसरे स्तर में प्रवेश करता है। इस स्तर पर भक्ति को कर्मों के बंधन से जोड़कर देखा जाता है। खोजी इस समझ से कर्म करता है कि 'हम जैसे कर्म करेंगे, वैसा ही फल पाएँगे।' अर्थात अच्छे कर्म करेंगे तो ईश्वर हम पर प्रसन्न होगा। इस प्रकार की भक्ति में इंसान को उसकी समझ के अनुसार, अच्छे कर्मों का अच्छा फल व बुरे कर्मों का बुरा फल मिलता है। इस वजह से वह अच्छे फलों और स्वर्ग की अभिलाषा से अच्छे कर्म करने लगता है और बुरे कर्मों से बचने लगता है, जिससे उसे कई लाभ भी होते हैं।

इस स्तर के खोजी इस तरह की मान्यताओं में जीते हैं कि 'सब पूर्वजन्म के कर्मों व भाग्य का खेल है.. ईश्वर के पास सबके पाप-पुण्य का खाता

है... हमें वही मिलता है, जो हमारे भाग्य में लिखा होता है।' ऐसे में इंसान के सारे कर्म सकाम भक्ति (फलाँ कर्म करने पर फलाँ फल मिलने) से प्रेरित और कर्ता भाव लिए हुए होते हैं। हालाँकि अच्छे कर्म करनेवालों को समाज में इज्जत व तारीफ मिलती है मगर उनके साथ यह खतरा भी रहता है कि उनका अहंकार दिन-ब-दिन बढ़ता ही जाता है। इसलिए उनकी ईश्वर से मुलाकात की संभावना कम हो जाती है।

तीसरा स्तर – अनेकांत भक्ति

संसार में ईश्वर को लेकर फैली गलत मान्यताओं के कारण भक्ति के शुरुआती दौर में इंसान यह मानने लगता है कि ईश्वर अनेक हैं। जिसके परिणामस्वरूप वह भक्ति के लिए ईश्वरों का चयन अपनी इच्छाओं को ध्यान में रखते हुए करता है। इसे कहा गया है अनेकांत भक्ति। इस प्रकार की भक्ति में इंसान ईश्वर को अनेक मानकर उनके लिए प्रचलित कर्मकाण्डों और मान्यताओं में उलझ जाता है। जैसे, 'फलाँ-फलाँ इंसान में देवी आती है... यह उपवास टूटने से फलाँ भगवान नाराज होता है... इस दिन बाल कटवाए या खट्टा खाया तो फलाँ ईश्वर का प्रकोप होगा... फलाँ ईश्वर क्रोधी है... फलाँ देव दयालु है' इत्यादि। अनेकांत भक्ति करते हुए इंसान का सारा ध्यान इस तरह के कर्मकाण्डों पर ही रहकर, वह भक्ति के मूल उद्देश्य से भटक जाता है। वह अपने बिगड़े या रुके हुए काम बनवाने के हिसाब से अनेकों में से एक ईश्वर का भक्ति के लिए चयन करता है। ऐसे में वह उसी ईश्वर से मुलाकात करना चाहेगा, जिससे उसका स्वार्थ पूर्ण हो।

चौथा स्तर – एकम् भक्ति

इस स्तर में इंसान की यह समझ बढ़ती है कि ईश्वर अनेक नहीं, एक है। इसका अर्थ यह हुआ कि हम जिससे मुलाकात करना चाहते हैं, वह एक ही हैं। हमारी भक्ति एवं प्रार्थना उस एक ही स्रोत तक पहुँचती है, जो सत्य की शक्ति है, जिसे ईश्वर, अल्लाह, गॉड, सेल्फ.. आदि अनेक नामों से पुकारा जाता है मगर वास्तव में वह एक ही है। चौथी तरह की भक्ति जगने के बाद भक्त ईश्वर को एक समझकर प्रार्थना करने लगता है। इस तरह उसकी तैयारी

आकार से निकलकर निराकार की तरफ जाने की हो जाती है। ईश्वर ही है, ऐसा भरोसा उसे होने लगता है। निर्गुण व असीम ईश्वर में धीरे-धीरे उसकी आस्था बढ़ने लगती है। उसका ईश्वर के प्रति डर निकल जाता है। डर के स्थान पर उसके अंदर ईश्वर के प्रति आदर भाव, प्रेम व समर्पण जगने लगता है। इसी को एकम् (अनन्य) भक्ति कहा गया है।

पाँचवाँ स्तर – गुरु भक्ति

एक ईश्वर की प्राप्ति की राह में गुरु से मुलाकात होती है। गुरु आज्ञा से प्रेम इंसान को सभी दुःखों, बुराइयों और कष्टों से मुक्त करता है। गुरु भक्ति में ही इंसान गुरु की आज्ञा का ऐसे पालन करता है, जैसे वह आकाशवाणी या देववाणी हो। गुरु की आज्ञा इंसान के मन को शुद्ध, अकंप, निर्मल और प्रेमन[1] करने के लिए होती है। हर आज्ञा पालन के साथ इंसान का मन खास भावना (ख-खुशी, अ-आश्चर्य और स-सराहना) महसूस करता है।

भक्ति के पाँचवें स्तर पर इंसान के मन में परम सत्य जानने की इच्छा जगती है। ऐसे में उसे यह ज्ञात होता है कि अंतिम सत्य पाने के लिए सही मार्गदर्शन देनेवाले गुरु की जरूरत है। यहाँ पर उसकी ईश्वर से मिलने की इच्छा अधिक तीव्र होती है। इसलिए वह गुरु की खोज में निकल पड़ता है। जिसके फलस्वरूप उसे अंतिम गुरु की प्राप्ति होती है।

अंततः गुरु और गुरु द्वारा मिली समझ मिलने पर इंसान यह जान लेता है कि गुरु कृपा से ही अंतिम सत्य मिलनेवाला है। अर्थात ईश्वर कृपा से गुरु मिलते हैं और गुरु कृपा से ईश्वर मिलता है। साथ ही उसमें यह समझ प्रगाढ़ होती है कि गुरु शरीर नहीं होता बल्कि वह तो हमारे अंदर स्थित सोर्स (स्रोत) होता है। बाहर का शरीर केवल गुरु ज्ञान हम तक पहुँचाने के लिए निमित्त बनता है। यह समझ पाकर शुरू होती है 'गुरु भक्ति'।

छठवाँ स्तर – दिव्य भक्ति

इंसानी जीवन का अंतिम लक्ष्य है दिव्य भक्ति की प्राप्ति। पाँचवें स्तर में

---

1 निःस्वार्थ प्रेम से भरा मन

गुरु से अंतिम ज्ञान, ध्यान और समझ पाकर शिष्य छठवें स्तर की दिव्य भक्ति प्राप्त करता है। दिव्य भक्ति यानी ऐसी भक्ति जहाँ भक्त सभी इच्छाओं से मुक्त होकर, यह शुभ इच्छा रखता है कि 'मुझे अब ईश्वर ही प्राप्त हो जाए, उसी से मुलाकात हो जाए।' उसके हृदय से इस भावना से प्रार्थना निकलती है कि 'हे ईश्वर! मुझे अब तुम ही चाहिए, तुमसे कम कुछ नहीं चाहिए।' आइए, इसी आशय को एक उदाहरण द्वारा समझते हैं।

जैसे माँ बच्चे को सहलाने एवं खिलाने हेतु नए-नए खिलौने लाकर देती रहती है ताकि बच्चा कुछ समय माँ से अलग होकर, उन खिलौनों के साथ खेले। बच्चा उन खिलौनों के मोह में थोड़ी देर के लिए माँ को भूल भी जाता है। मगर कुछ समय बाद बच्चा सभी खिलौनों को हटाकर माँ के लिए रोने लगता है तब माँ को सारे काम छोड़कर बच्चे के पास आना ही पड़ता है।

बिलकुल इसी तरह छठवें स्तर पर भक्त माया के खिलौनों (सांसारिक बातों) से ऊबकर, ऐसा संकल्प कर लेता है कि 'मुझे केवल ईश्वर ही चाहिए, उससे कम कुछ नहीं चाहिए। अब तो ईश्वर से मुलाकात करनी ही है ।'

सातवाँ स्तर – दिव्य समर्पण भक्ति

इंसान को जब यह समझ मिलती है कि जो हम ईश्वर को दे रहे हैं, फल-फूल, प्रसाद, धन, श्रम, सेवा इत्यादि वह सब पहले से ही ईश्वर का है तब उसका अहंकार विलीन होने लगता है। इस मार्ग पर आगे बढ़ते हुए फिर एक दिन उसमें यह दृढ़ता जगती है कि ये फल, फूल, प्रसाद, धन, श्रम, सेवा इत्यादि देनेवाला भी ईश्वर का है। अर्थात जो दे रहा है वह भी ईश्वर का अंग है। इस तरह भक्त का ईश्वर से अलग रहने का अहंकार (नकली मैं) टूट जाता है। इस स्तर पर 'मैं' का भाव यानी खुद को ईश्वर से अलग समझने का अज्ञान पूरी तरह से समर्पित हो जाता है। ऐसी भक्ति में मन पहली बार झुकने का आनंद लेने लगता है। जहाँ पर इंसान द्वारा हो चुके या हो रहे या होनेवाले कामों का सेहरा मन अपने सिर नहीं बाँधता। कर्म का श्रेय (क्रेडिट) खुद नहीं लेता।

जब भक्त में सातवें स्तर की भक्ति उजागर होती है तब उसे असली आनंद प्राप्त होता है, जिससे समर्पण का भाव पक्का होता है। भक्त को यह पता चलता है कि जो कृपा हम पर हुई है, उसमें हमारा रत्ती भर भी श्रेय नहीं है। यह तो परम ईश्वर की ही कृपा है और हम उसका ही दिया हुआ उसे ही समर्पित कर रहे हैं।

आठवाँ स्तर– दिव्य स्वीकार भक्ति

भक्त भक्ति करता है, यह इच्छा रखते हुए कि उसे सत्य मिल जाए, ईश्वर मिल जाए। इसी इच्छा को 'शुभ इच्छा' कहा गया है। यह शुभ इच्छा भी एक इच्छा है मगर आठवें स्तर पर पहुँचने के बाद भक्त की यह शुभ इच्छा भी खत्म हो जाती है। उसे यह सहजता से स्वीकार होता है कि उसे सत्य न भी मिले, ईश्वर से उसकी मुलाकात न भी हो तो भी उसे ईश्वर से कोई शिकायत नहीं रहेगी। यहाँ पर भक्त ने अपनी शुभ इच्छा का भी संपूर्णतः त्याग कर दिया है। जैसे–जैसे भक्ति में स्वीकार भाव बढ़ने लगता है, वैसे–वैसे भक्त असली आनंद महसूस करता है। वह असली आनंद कहीं बाहर नहीं है बल्कि उसी में समाया हुआ है।

इस तरह जब इंसान स्वअनुभव द्वारा सत्य जानने लगता है तब उसके जरिए दिव्य स्वीकार भक्ति होने लगती है। जहाँ पर उसे सब तेजस्वीकार होता है। अर्थात उसे स्वीकार तो स्वीकार होता ही है परंतु अस्वीकार भी आसानी से स्वीकार होता है। अतः वह दोनों अवस्थाओं से परे चले जाता है। इस स्तर से भक्त को आगे के स्तर पर जाने के लिए किसी प्रयास की जरूरत नहीं पड़ती बल्कि वह स्वतः ही भक्ति के नौवें स्तर पर पहुँच जाता है।

नौवाँ स्तर – दिव्य ज्ञान भक्ति

नौवें स्तर की भक्ति में ईश्वर द्वारा रचे गए सारे रहस्यों से परदे हट जाते हैं और ईश्वर से मुलाकात हो जाती है। भक्त और भगवान ऐसे एक हो जाते हैं, जैसे नदी सागर में जाकर सागर ही बन जाती है। इसी को स्वअनुभव (self realization), ईश्वर साक्षात्कार या आत्मसाक्षात्कार कहा गया है। यहाँ पर असत्य की माया का अंत होकर शिव (चैतन्य, ईश्वर) प्रकट होता है और दो

से मुक्ति मिलती है। जैसे- दुःख-सुख, सफलता-असफलता, जीवन-मृत्यु, मान-अपमान, मैं और तुम। इस तरह का द्वैत भाव स्वअनुभव प्राप्त होने के बाद समाप्त हो जाता है।

इस स्तर के अनुभव को शब्दों में नहीं उतारा जा सकता। यह 'तेजज्ञानानुभव' है, जिसे अनुभव करके ही जाना जा सकता है। यह अनुभव शरीर और इंद्रियों के परे का अनुभव है। इस अनुभव को प्राप्त करने के लिए शरीर केवल निमित्त है। जैसे आइना निमित्त है आँख को आँख का दर्शन करवाने के लिए, वैसे ही ईश्वर स्वयं भक्त के शरीर के माध्यम से स्वयं का दर्शन करता है।

दसवाँ स्तर – तेज दिव्य भक्ति

ईश्वर के साथ एकरूप होने के बाद भक्ति के दसवें स्तर पर भक्त और भगवान फिर से एक से दो बन जाते हैं! यह बहुत ही गहरी बात और इस स्तर की छूटी हुई कड़ी है। भक्त बनने के बाद इंसान के जीवन में जो चीजें सहज ही प्रकट होने लगती है, उसका वह आश्चर्य करता है। अर्थात भक्त को आश्चर्य देखनेवाली आँख प्राप्त होती है। यह आश्चर्य मन के द्वारा किया गया आश्चर्य नहीं है बल्कि तोलू मन के विलीन होने के बाद का आश्चर्य है।

जब भक्त और भगवान एक हो गए और फिर केवल आनंद के लिए ही दो बने, तब शुरू होती है 'तेज दिव्य भक्ति ' या 'परा भक्ति'। यह तेज दिव्य भक्ति बनती है सत्‌चित्‌आनंद, तेजआनंद, तेजमौन। इसकी व्याख्या शब्दों में नहीं की जा सकती। इसी स्तर पर पहुँचने के लिए गुरु द्वारा ज्ञान मिलना और गुरु की कृपा होना जरूरी है।

भक्ति के सारे स्तर जानने व समझने के बाद अब स्वयं से पूछें कि 'मैं भक्ति के किस स्तर पर हूँ और उससे आगे कैसे बढ़ सकता हूँ? यदि आप वाकई में ईश्वर से मुलाकात करना चाहते हैं तो भक्ति के हर स्तर पर गहराई से मनन करें क्योंकि भक्ति ही आपको ईश्वर से मिलवाएगी।

अध्याय 5

कैसे जगे भक्ति

भक्त के आँसू

ध्यानी को भक्ति प्राप्त होती है तो वह रूखा-सूखा न रहकर, भक्ति की मंजिल पा लेता है।

ज्ञानी को भक्ति मिलती है तो वह ज्ञानी युधिष्ठिर न बनकर, तेजअज्ञानी बन जाता है। तेजअज्ञानी, ज्ञान और अज्ञान से परे की अवस्था है।

योगी को भक्ति मिलती है तो वह मायावी शक्तियों और सिद्धियों में न उलझकर, भक्ति की शक्ति पा लेता है।

संसारी को भक्ति मिलती है तो वह माया का गुलाम न बनकर, तेजसंसारी बन जाता है। तेजसंसारी, संसार और संन्यास से परे की अवस्था है।

किसी बच्चे को भक्ति मिलती है तो वह नादान न रहकर, भक्त प्रह्लाद बन जाता है।

किशोर को भक्ति मिलती है तो वह नासमझ न रहकर, संत ज्ञानेश्वर बन जाता है।

किसी बुजुर्ग को भक्ति मिलती है तो उसका मृत्यु के प्रति पनपनेवाला

डर समाप्त हो जाता है, मृत्यु बायपास हो जाती है और वह महाजीवन में प्रवेश पाता है।

उपरोक्त स्पष्टीकरण में इंसानी जीवन की यात्रा में आनेवाले पड़ावों की ओर संकेत किया गया है।

पहले इंसान नादान बालक होता है। फिर उसका रूपांतरण किशोर अवस्था में होता है।

किशोर से आगे वह वृद्धावस्था में प्रवेश कर,

अंततः महाजीवन को प्राप्त होता है।

अर्थात जिसे हम मृत्यु कहते हैं हकीकत में वह महाजीवन है।

मृत्यु बायपास होना यानी इंसान का पृथ्वी जीवन से सीधे महाजीवन की ओर स्थानांतरण होना। इस पूरी यात्रा में आप देखेंगे कि भक्ति का योग हर जगह, हर अवस्था में कितना सुखद कार्य कर सकता है।

अतः आज आप जिस भी अवस्था में हैं, आपके द्वारा अब दिव्य भक्ति के लिए प्रार्थना हो क्योंकि आपके अंदर भक्ति जगनी आवश्यक है।

यहाँ पर किसी के मन में सवाल उठ सकता है कि भक्ति जगेगी कैसे?

इसके जवाब में कहा जाएगा- सत्य श्रवण, मनन, पठन, प्रार्थना या भजन गाकर भक्ति- उपासना हो सकती है। उदा. जैसे कोई भजन गाता है तो शुरुआत में जोर-जोर से गाता है। फिर भजन पूरा होने के बाद भी उसके अंदर भजन की धुन गुँजती रहती है। इस तरह देखेंगे कि हरेक से भक्ति संभव हो सकती है। कुदरत द्वारा ऐसे तरीके बनाए गए हैं। जब ऐसी अवस्था आती है कि एक शब्द से भी आपको भक्ति याद आ जाए और अनायास ही आपकी आँखों से आँसू निकलने लगे तो इसका अर्थ स्पष्ट है कि आप माया में रहते हुए भी भक्ति कर रहे हैं।

सत्य का ज्ञान और समझ प्राप्त करने के बाद इंसान को भक्ति का महत्त्व साफ-साफ दिखाई देने लगता है। इसीलिए हर सच्चा ज्ञानी, ध्यानी, संसारी

भक्ति की याचना करता है कि

'मुझे दिव्य भक्ति प्राप्त हो, मेरे अंदर भक्ति एवं प्रेम का संचार हो और मेरे जरिए केवल प्रेम एवं भक्ति का ही प्रसार हो। मेरे शरीर को देखकर लोगों के अंदर भी भक्ति जगे।'

यही दिव्य प्रार्थना है। आप भी अपने अंदर भक्ति जगाने के लिए यह प्रार्थना करें।

कोई संत जो ईश्वर को माँ के रूप में पूजता है, वह यह प्रार्थना करेगा कि 'ऐसा कब होगा, जब 'माँ' शब्द कहते ही मेरी आँखों से आँसू निकलने लगेंगे? हे माँ! ऐसा कब होगा?'

अब आप ही सोचिए कि उस भक्त के मन में क्या बसा है? क्यों वह रोना चाहता है? यह भाव किसके अंदर जगेगा? आप जिन किसी भी साधुओं और संतों की कथाएँ सुनते या पढ़ते आए हैं, उनमें आपको यह देखना चाहिए कि उन्होंने जो भी प्रार्थनाएँ की थीं, उसके पीछे कौन सी समझ थी?' भक्ति के आँसू भक्त को तकलीफ नहीं बल्कि परम आनंद देते हैं, उसे अंतर्बाह्य साफ और शुद्ध कर, उसके अंदर बसे विकारों का मैल धो देते हैं।

संत इसी प्रेरणा से प्रार्थना कर, कहते हैं कि 'हे ईश्वर, मुझे ऐसी भक्ति, ऐसा प्रेम दो ताकि सिर्फ आपका नाम लेने भर से ही मेरी आँखों से आँसू निकलने लगें।' जो भक्ति के आँसू रोते हैं, सिर्फ वे ही इसका आनंद समझ पाते हैं। ज्ञानी लोग इसका आनंद नहीं समझ पाते क्योंकि ज्ञानी पहले अपनी बुद्धि से समझता है, उसके बाद ही वह सही लक्ष्यपूर्वक प्रार्थना कर पाता है। परंतु उसके पहले प्रार्थना में सांसारिक चीजें माँगी जाती हैं। कई लोगों को इस बात पर पूरा विश्वास होता है कि 'मैं ईश्वर से जो भी माँगता हूँ, ईश्वर मुझे वह देता है।' विश्व में ऐसे कई लोग होंगे, जिन्हें यह विश्वास रहा होगा कि वे ईश्वर से जो भी माँगेंगे, उन्हें जरूर मिलेगा। उन्होंने सिर्फ ईश्वर से ईश्वर को ही नहीं माँगा होगा।

जैसे ही आप ईश्वर से ईश्वर की माँग करते हैं तो सत्य की ओर जानेवाला रास्ता खुलने लग जाता है। जहाँ पर आपको ज्ञान और भक्ति दोनों की

आवश्यकता महसूस होती है। परंतु ज्ञान के अभाव में इंसान की सीमित बुद्धि इतनी आसान बात भी समझ नहीं पाती।

यदि आप किसी से पूछें कि 'क्या आपको लगता है कि ईश्वर से जो माँगो, वह आपको मिल जाता है?' तो आपको जवाब मिलेगा, 'हाँ मिलता है।' तब आप कह सकते हैं कि 'यदि यह आपके लिए इतना ही आसान है तो ईश्वर से ईश्वर को ही क्यों न माँग लें।' वास्तव में लोगों को यह बात समझ में नहीं आती कि 'यदि ईश्वर सब कुछ देता ही है तो क्यों न ईश्वर से ईश्वर को ही माँग लूँ।' अपने आपमें यह सबसे बड़ी माँग है।

ईश्वर की चाहत – प्रेम, आनंद, मौन :

ईश्वर चाहता है कि इंसान उन गुणों को प्राप्त करे, जो ईश्वर ने अपने पास संजोकर रखा है। दरअसल ईश्वर ने संसार में सब चीजें डाल दी हैं, सिर्फ कुछ चीजों को ही अपने पास रखा है। वह चाहता है कि यदि इंसान को वे चीजें चाहिए तो वह ईश्वर के पास आए। वे चीजें हैं– सच्चा प्रेम, सच्चा आनंद और सच्चा मौन। ये तीन बातें ईश्वर के अलौकिक गुण हैं। इंसान के अंदर उच्चतम पात्रता तैयार होने के बाद ही उसमें प्रेम, आनंद, मौन जैसे गुणों को पाने की इच्छा जगती है। जरा सोचिए, ईश्वर ने ऐसा क्यों किया होगा? क्योंकि यदि माया से ही ये गुण मिल जाते तो कोई ईश्वर के पास जाता ही नहीं। परिणामतः इंसान उच्चतम लक्ष्य से वंचित रह जाता है।

अब आपको ईश्वर की यह युक्ति समझ में आ गई होगी कि यूँ ही किसी के मन में प्रेम, आनंद, मौन पाने की इच्छा नहीं जगती। इसीलिए आपने देखा होगा कि कोई इंसान इस तरह की प्रार्थना नहीं करता कि 'हे ईश्वर! मुझे सच्चा मौन दो... सच्चा आनंद दो... सच्चा प्रेम दो...।' क्योंकि बिना पात्रता के तो कोई प्रेम, आनंद व मौन की बात सोच भी नहीं सकता। इसके विपरीत वह प्रेम की जगह वासना और आसक्ति को ही अपनी ओर आकर्षित करता रहता है।

वासना, आसक्ति जैसे अवगुण माया के पास ही होते हैं। माया की दुनिया में ही ऐसी बातों को महत्त्व मिलता है। इसके विपरीत प्रेम, आनंद, मौन के गुणों का पूरा भंडार ईश्वर के पास होता है। इसीलिए कहा जाता है कि जब लोग

सही मायने में इनके लिए तैयार हो जाते हैं, तभी वे इन गुणों को आत्मसात करने के लिए ईश्वर के पास जा सकते हैं। इंसान की सत्य पाने की तीव्र इच्छा, उसमें पात्रता तैयार करती है। उसके बाद ही उसके मन में सत्य के प्रति आकर्षण और माया के प्रति विकर्षण की प्रतिक्रिया शुरू हो पाती है। इसके बाद ही इंसान भक्ति योग में स्थापित हो पाता है। जब इंसान ईश्वर की आज्ञा पर चलने लगता है, तब आप कह सकते हैं कि 'अब उसकी भक्ति इतनी प्रगाढ़ हो गई है कि अब वह सक्रिय हो गई है।'

भक्ति से आए नया प्रतिसाद :

जो भक्ति केवल ऊपरी तौर पर की जाती है, वह सिर्फ भाव में ही रह जाती है, क्रिया में नहीं उतर पाती। जबकि प्रगाढ़ भक्ति यानी क्रिया में उतरनेवाली संपूर्ण भक्ति। इस क्रिया से भक्तियुक्त प्रतिसाद ही निकलता है। भक्तियुक्त प्रतिसाद यानी वह व्यवहार जो प्रेम, मौन, आनंद की अनुभूती से निकलता है। जबकि व्यक्तियुक्त प्रतिसाद अहंकार, व्यसन या मान्यता की वजह से निकलता है। ऐसे में इंसान को भक्ति का चाबुक लगते ही वह बदल जाता है और नया प्रतिसाद लेकर आता है। नए प्रतिसाद के साथ ही जीवन में नवीनता को आमंत्रित किया जाता है।

यदि आप नए जीवन को आकर्षित करना चाहते हैं तो देखें कि वर्तमान में कौन सा बीज डाला जा रहा है। आपके द्वारा यदि वही क्रियाएँ होती हैं, जो पुरानी रटी-रटाई मान्यकथाओं, व्यसनों और वृत्तियों से चलती थीं तो आप देखेंगे कि वैसे ही पुराने जीवन का दोहराव होता रहेगा।

यदि आपने अपने जीवन में भक्ति को महत्त्व दिया है तो आपके भाव, विचार, वाणी, क्रिया में भी भक्ति दिखाई देती है। जैसे-जैसे भक्ति प्रगाढ़ होगी, वह सक्रियता तक पहुँचेगी यानी तब आपका प्रतिसाद भक्तियुक्त होने लगेगा। हालाँकि मन की आदत पुराना प्रतिसाद देने के लिए आपको मजबूर करेगी। लेकिन अब यह मजबूरी टूट जाएगी। जब आप भक्ति में जीने लगते हैं तो भाग्य की रेखाओं से मुक्त हो जाते हैं क्योंकि भक्ति में ईश्वर की आज्ञा को ज्यादा महत्त्व दिया जाता है।

भक्त को मिला भक्ति का आनंद :

जो भक्त होता है, वह ईश्वर के प्रति अपने प्रेम के चलते सब कुछ करना चाहता है। भक्त अपनी निष्ठा के कारण हर वह चीज सहजता से कर गुजरता है, जिसके लिए पहले उसका मन कभी तैयार नहीं था। ऐसे में पहले उससे दस में से दो ही चीज़ें होंगी, फिर चार होंगी और फिर छह। इस तरह धीरे-धीरे यह संख्या बढ़ती जाएगी। फिर जो चीजें नहीं हो पा रही होंगी, उसके लिए भी भक्त काम करेगा ताकि उसके अंदर उन चीजों को करने की शक्ति जगे। वह समझ जाएगा कि अपनी कमियों के कारण वह कुछ चीजों को पूरा नहीं कर पाया है। फिर वह एक समुचित योजना बनाकर उन कमियों को दूर करने की कोशिश में जुट जाएगा। अब वह यह नहीं सोचेगा कि 'यदि मैं एक बार इन चीजों को नहीं कर पाया तो आगे कभी नहीं कर पाऊँगा।' इसके विपरीत अब वह खुद से कहेगा कि 'भले ही एक बार में मुझसे यह नहीं हो सका पर मैं चाहता हूँ कि यह हो, तुम यह करके दिखा सकते हो, Thy will be done... तुम्हारी इच्छा पूर्ण हो... तुम्हें जो लगे अच्छा, वही मेरी इच्छा।'

अध्याय 6

भक्ति से मिले आध्यात्मिक शक्ति

तीन मुख्य बातें

बाहुबल, बुद्धिबल या आत्मिक बल तब तक अपूर्ण हैं, जब तक इनके साथ भक्ति नहीं जुड़ जाती। भक्ति की शक्ति द्वारा ही आप अन्य शक्तियों का सही लाभ ले पाते हैं। वरना अज्ञान और अहंकार (प्रेम शून्य अवस्था) में इंसान अपनी शक्तियों का गलत इस्तेमाल करता है। इसीलिए शक्ति के साथ भक्ति के जोड़ को महत्त्व दिया जाना चाहिए।

अब आपको यह जानना है कि आध्यात्मिक शक्ति क्या है और उससे क्या प्राप्त होता है?

असल में आध्यात्मिक शक्ति तेज है। अगर आप पौराणिक ग्रंथों में स्थित संतों की कथा-कहानियों को ध्यान से सुनें या पढ़ें तो आपकी समझ में आएगा कि उन संतों के भीतर भक्ति की प्रतिभा की वजह से एक आध्यात्मिक शक्ति का निर्माण हुआ था। वही शक्ति अब आपको प्राप्त करनी है। उसके लिए सबसे पहले अपने आपसे पूछें कि '1 से 10 (1 से 10 गीगाबाइट) के मापदंड में मेरी भक्ति कहाँ पर है?' वास्तव में गीगाबाइट का उपयोग कंप्यूटर की शक्ति नापने के उद्देश्य से यानी उसका स्पेस नापने में किया जाता है। जब आप

कंप्यूटर खरीदने जाते हैं तो कोई भी कंप्यूटर उठाकर नहीं ले आते। पहले आप उसकी स्पेस और शक्ति की परख करते हैं। इसी तरह अब आपको भक्ति की गहराई पर मनन करना है। 1 से 10 के मापदंड में पहली गीगाबाइट पर इंसान हृदय स्थान पर जाना सीखता है और दसवीं गीगाबाइट (गहराई) को पार करने पर उसके पास आध्यात्मिक शक्ति का भंडार होता है।

आध्यात्मिक शक्ति की 3 मुख्य बातें

किसी भी इंसान में भक्ति जगने पर वह सकारात्मक प्रतिसाद ही देगा। वह प्रेम, आनंद, मौन को ही प्राथमिकता देगा। साथ ही उसे पता होता है कि किस समय पर, किस वचन का पालन होना चाहिए। इसलिए उस समय इंसान ऐसी स्थिति तैयार नहीं करता, जिससे सत्य का रास्ता पीछे छूट जाए। बल्कि वह श्रवण, सेवा, भक्ति के त्रिकोण में रहता है। इसमें बने रहने में वह स्वयं को सुरक्षित महसूस करता है। भक्ति से जो आध्यात्मिक शक्ति पनपती है, उसमें तीन मुख्य बातें होनी चाहिए, जो इस प्रकार से हैं।

1) आनंद देनेवाला श्रम

भक्ति से मिलनेवाली आध्यात्मिक शक्ति से सबसे पहले आपको आनंद देनेवाला श्रम प्राप्त होगा। आम तौर पर लोगों के मन में यह धारणा होती है कि श्रम के साथ आनंद का कोई संबंध नहीं होता। इसलिए कोई इस बात पर विश्वास नहीं करता कि मेहनत करने से आनंद मिलेगा। लेकिन भक्ति से मिलनेवाली आध्यात्मिक शक्ति से आपको आनंद देनेवाला श्रम अवश्य मिलेगा यानी आप जो भी कार्य करेंगे, उससे आपको आनंद ही प्राप्त होगा। श्रम में भी आपको आनंद मिल रहा है, यह भक्ति से संभव होगा वरना अधिकतर लोगों को मेहनत करने से आनंद नहीं मिलता। लोग मेहनत करके दुःखी होते रहते हैं इसलिए इंसान जहाँ तक हो सके हमेशा श्रम से बचना ही चाहता है। लेकिन आपको एक-एक पायदान पार करते हुए श्रम से श्रवण, श्रवण से भक्ति और भक्ति से आनंद देनेवाला श्रम अवश्य प्राप्त होगा।

2) धीरज देनेवाला इंतजार

आध्यात्मिक शक्ति से आपको मन में धीरज देनेवाला इंतजार प्राप्त होगा। मीरा के सामने श्रीकृष्ण नहीं थे, फिर भी मीरा भक्ति करती रही। गोपियों के सामने भी श्रीकृष्ण नहीं थे, वे तो द्वारका चले गए थे, फिर भी वृंदावन में गोपियाँ श्रीकृष्ण का इंतजार करती रहीं। बताने का तात्पर्य है कि यदि कोई एक साल तक सही तरीके से रुककर आश्चर्य (वेट, वॉच विथ वंडर) के साथ इंतजार करना सीख ले तो उसमें आगे दस सालों तक इंतजार करने की शक्ति बढ़ जाती है। भक्ति में, वियोग में जो असाधारण आनंद समाया हुआ है, उसे केवल एक भक्त ही जान सकता है। ऐसा आनंद साधारण लोगों की समझ के परे होता है। आम तौर पर लोगों को कोई चीज मिलती है तो वे आनंदित हो जाते हैं। भक्त के साथ ऐसा नहीं होता। भक्त को कुछ मिले या न मिले, वह अपने प्रभु का इंतजार खुशी से करता है क्योंकि उसकी भक्ति से ही उसे धीरज देनेवाला बल प्राप्त होता है। इंतजार में मन को यदि दुःख, तकलीफ या परेशानी हो रही है, मन अधीर हो रहा है या धीरज नहीं बढ़ रहा है तो समझ जाएँ कि भक्ति पर अभी गहराई में काम करना आवश्यक है।

3) देने का भाव देनेवाला ज्ञान

यदि आपके अंदर हमेशा लेने का भाव होता है तो समझें कि अभी आपमें भक्ति जाग्रत नहीं हुई है। जब आपमें देने का भाव देनेवाला ज्ञान प्राप्त होगा तब आपके भीतर भक्ति भाव जाग्रत होना शुरू हो जाएगा। इसलिए ऐसा ज्ञान प्राप्त हो, जिसमें देने का भाव अवश्य आए। इसी उद्‌देश्य से कई सांप्रदायों में दान की प्रथा को बढ़ावा देकर, दान देना अनिवार्य किया गया ताकि कम से कम इंसान देना तो सीख जाए, कम से कम देने की शुरुआत तो करे। ऐसे में इंसान के अंदर देने का भाव क्रिया में आएगा तो उसकी आगे की संभावना भी खुलेगी। फिर शुरुआत चाहे छोटे से दान से ही क्यों न हो। इस बात को एक उदाहरण से समझें।

एक खोजी खोज करने के लिए जंगल गया। वह अपनी समझ और जानकारी के अनुसार अनेक प्रकार की साधनाएँ करने लगा। एक दिन अचानक उसकी मुलाकात एक गुरुजी से हुई। उसने गुरुजी से कहा, 'मुझे ज्ञान दीजिए।' इसके पीछे उसकी अभिलाषा यही थी कि 'मुझे ज्ञान मिलना चाहिए, यदि जंगल में नहीं मिला तो गुरुजी से तो मिलना ही चाहिए।'

आमतौर पर इंसान कहीं पर भी जाता है तो उसका पहला भाव लाभ उठाने या लाभ मिलने से संबंधित होता है। जैसे कोई विशेष चीज मिले, सुविधाएँ मिले या ज्ञान मिले इत्यादि। उस खोजी की चाहत भी यही थी कि उसे ज्ञान मिले और गुरुजी भी तो उसे ज्ञान देना चाहते थे लेकिन उसके पहले वे उसका ज्ञान लेने का भाव बदलना चाहते थे। इसलिए उन्होंने खोजी से कहा, 'पहले तुम्हें मुझे कुछ देना पड़ेगा।'

इस पर खोजी ने गुरुजी से पूछा, 'मैं क्या दे सकता हूँ? मेरे पास तो देने के लिए कुछ भी नहीं है।' गुरुजी ने पुनः उससे कहा, 'तुम्हें कुछ देना तो पड़ेगा वरना तुम्हें ज्ञान नहीं मिलेगा।' यह सुनने के बाद खोजी सोच में पड़ गया। कुछ देर बाद उसने एक पत्थर लिया और उससे अपना एक दाँत तोड़ दिया। वह दाँत गुरुजी को देते हुए उसने पूछा, 'क्या यह आपको स्वीकार है?' गुरुजी ने तुरंत उसे स्वीकार कर लिया।

वैसे देखा जाए तो उस दाँत से गुरुजी को कोई लाभ नहीं होनेवाला था। मगर इससे उस खोजी की जो मानसिक तथा आंतरिक तैयारी हुई, वह महत्वपूर्ण थी। गुरुजी को उसके दाँत से कुछ लेना-देना नहीं था। अगर वह खोजी अपने दाँत के बजाय कोई मूल्यवान वस्तु भी गुरुजी को देता तो भी उनकी उसमें कोई रुचि नहीं होती। गुरुजी तो बस इस उद्‌देश्य से अपना कार्य कर रहे थे कि सामनेवाले के अंदर देने का भाव जगे और वह कुछ न कुछ तो समर्पित कर पाए। उस खोजी ने अपना दाँत देकर समर्पण करना सीख लिया। अब आगे

चलकर विकसित भाव से वह अपना अहंकार भी समर्पित कर पाएगा, यह संभावना उसके अंदर खुल गई।

दाँत समर्पित करने के बाद गुरुजी ने उस खोजी को ज्ञान का उपहार दिया। उपरोक्त उदाहरण में दाँत मात्र एक प्रतीक है, जिससे समर्पण की भावना को जाग्रत किया गया। भक्ति के साथ यदि बताई गई तीन बातें पूर्ण होंगी तो भक्त के अंदर आध्यात्मिक शक्ति का विकास होगा।

अध्याय 7

आप किस अवस्था में हैं

तम से दूर गुणातीत अवस्था की ओर

सेल्फ (ईश्वर), इंसान के शरीर से जुड़कर अपनी उच्चतम संभावना खोलना चाहता है। सेल्फ के मुख्य गुण हैं- प्रेम, आनंद, मौन, साहस, सराहना, रचनात्मकता इत्यादि। जो शरीर सेल्फ की अभिव्यक्ति के लिए तैयार होता है, सेल्फ उसके जरिए उच्चतम अभिव्यक्ति करता है। इसके विपरीत जो शरीर गलत संस्कार और विकारों से घिरा हुआ हो, उसके जरिए सेल्फ की नहीं बल्कि अहंकार की अभिव्यक्ति होती है। भक्त के लिए यह महत्वपूर्ण है कि उसके द्वारा सेल्फ की अभिव्यक्ति हो, न कि व्यक्ति (अहंकार) की।

सेल्फ और शरीर के बीच सबसे बड़ी बाधा है 'अहंकार।' यह एक ऐसा विकार है, जिसके रहते इंसान उच्चतम ज्ञान और अभिव्यक्ति से वंचित रह जाता है।

भक्त को इसी अहंकार पर प्रेम से, न कि युद्ध कर, विजय प्राप्त करनी होगी। यह तब संभव हो पाएगा, जब भक्त अपने जीवन में भक्ति को प्राथमिकता देगा। इसके लिए उसे सबसे पहले अहंकार को प्यार से चुप कराना होगा। अहंकार इतनी आसानी से चुप नहीं होता क्योंकि उसे लगता है, 'सिर्फ मुझे ही क्यों चुप कराया जा रहा है?' लेकिन जब मन को इसके पीछे की शुद्ध भावना

पता चलती है तब वह प्रेम की वजह से अपने अहंकार को समर्पित करने के लिए तैयार होता है। जब कोई आपसे बेशर्त प्रेम करता हो और आपको यह बात मालूम न हो तो आप उसे सही प्रतिसाद नहीं देते। लेकिन जिस समय आपको यह पता चलता है कि फलाँ इंसान हमसे बेशर्त प्रेम करता है तब आप योग्य व्यवहार करने लगते हैं। इसी तरह सेल्फ के द्वारा आपको मिल रहे बेशर्त प्रेम, आनंद और स्वअनुभव को महसूस करने के बाद ही आपका अहंकार समर्पित हो पाएगा। यह होने के लिए आइए, जानते हैं शरीर की अलग-अलग अवस्थाएँ कौन सी हैं।

शरीर की मुख्य तीन अवस्थाएँ हैं- तम, रज और सत्। आपका शरीर इन तीनों में से एक अवस्था में रहता है। इन तीनों अवस्थाओं के परे गुणातीत अवस्था भी होती है। आपके शरीर की जो भी अवस्था है, सेल्फ उसमें बंधा हुआ है इसलिए आपको अपनी अवस्था से बाहर निकलकर गुणातीत अवस्था में स्थापित होना है। आइए, शरीर की तीनों अवस्थाओं को जानें।

1) शरीर की तमोगुणी अवस्था

तमोगुणी शरीर का सूत्र- आज करे सो कल कर, कल करे सो परसों।

तमोगुणी शरीर में सेल्फ हथकड़ी से बँधा हुआ होता है। तमोगुणी शरीर अधिकतर समय में आराम करना पसंद करता है। वह हमेशा काम को आगे टालना या कामों से सदा के लिए बचना चाहता है। वह गुरु की आज्ञा का पालन नहीं करना चाहता क्योंकि ऐसा करने के लिए उसे अपने शरीर को कष्ट देना पड़ेगा। ऐसा शरीर सेल्फ को बहुत कम सहयोग करता है। लेकिन यदि तमोगुणी में भक्ति जाग्रत हो जाए तो उसका सहयोग बढ़ जाता है। चूँकि यह सब अदृश्य में होता है इसलिए पता नहीं चलता है कि हमारे अंदर भक्ति जाग्रत क्यों नहीं हो रही है। यदि कुछ भक्ति जाग्रत हो भी जाए तो फिर तमोगुण की वजह से वह बढ़ नहीं पाती है क्योंकि इसके लिए शरीर को ध्यान में बिठाना पड़ेगा। तमोगुणी इंसान भक्ति में कुछ ही बातें त्याग कर पाता है। इसलिए सबसे पहले तमोगुणी को अपने शरीर को लचीला बनाने की आवश्यकता है। उसे अपनी दिनचर्या बदलनी चाहिए, शारीरिक जड़ता को दूर करने के लिए व्यायाम

आदि करने चाहिए। छोटे-छोटे संकल्प लेकर उन्हें पूरा करने की वृत्ति बनानी चाहिए और तम बढ़ानेवाले भोज्य पदार्थों का त्याग कर, सही मात्रा में सात्विक भोजन लेना चाहिए।

यदि आप इस अवस्था में हैं तो आप भक्ति मार्ग पर आसानी से अग्रसर नहीं हो पाएँगे। आपका शरीर भक्ति को कल पर टालता रहेगा इसलिए जरूरी है कि आप इस अवस्था से बाहर आएँ।

2) शरीर की रजोगुणी अवस्था

रजोगुणी शरीर का सूत्र - परसों करे सो आज कर, आज करे सो तुरंत।

रजोगुणी शरीर में सेल्फ रस्सी से बँधा हुआ होता है, जिसे बिना रुके, बिना कुछ सोचे-समझे लगातार दौड़ाया जाता है। रजोगुणी स्वभाव का इंसान काम के पीछे भागता है। वह कभी रुककर यह नहीं सोचता कि वह जो कर रहा है, क्यों कर रहा है? इस काम का, इस जीवन का क्या उद्देश्य है? वह महसूस ही नहीं करता कि उसके आस-पास क्या हो रहा है या उसके अंदर कौन सी बातें जा रही हैं। उसे सिर्फ यह पता होता है कि एक काम पूरा करने के बाद आगे उसे कौन सा काम करना है।

ऐसे लोग अकसर कहते हुए सुनाई देते हैं कि 'हमारा कर्म ही हमारी पूजा है।' लेकिन उन्हें सही मायनों में 'कर्म क्या है', इसका पता ही नहीं होता। वे बस अपनी मशीनी भाग-दौड़ को ही कर्म का नाम देते हैं।

यदि आप इस अवस्था में हैं तो आप भक्ति मार्ग पर आसानी से अग्रसर नहीं हो पाएँगे क्योंकि आप भक्ति करने को समय गँवाना समझेंगे। इसलिए जरूरी है कि आप इस अवस्था से बाहर आएँ।

3) शरीर की सत्वगुणी अवस्था

सत्वगुणी शरीर का सूत्र - कल करे सो आज कर, आज करे सो अब।

इंसान को जब यह स्पष्ट होता है कि काम और आराम के बीच संतुलन कैसे साधना चाहिए तो सत्वगुणी शरीर बनता है। सत्वगुणी शरीर में सेल्फ सुतली (पतली रस्सी) से बँधा हुआ होता है। इस शरीर में सेल्फ के मुक्त होने

की संभावना बहुत बढ़ जाती है। सत्वगुणी अच्छे कार्य करता है, भक्ति करता है इस वजह से उसे जो प्रतिष्ठा, मान–सम्मान मिलता है, उससे उसका अहंकार बढ़ सकता है, जो सेल्फ की मुक्ति में बाधा खड़ी करता है। सेल्फ अपने ही जाल से बाहर आ पाए, उसके लिए सत्वगुणी को यह समझ मिलनी बहुत जरूरी है कि इस शरीर के द्वारा कौन कार्य कर रहा है...कौन बँध गया है... कौन फँस गया है... और कौन अपनी ही लीला में खो गया है?

यदि आप इस अवस्था में हैं तो आप यहीं पर रुक सकते हैं क्योंकि आपमें अच्छे होने के अहंकार का जन्म आसानी से होगा। यह अहंकार आपको आगे बढ़ने से रोकेगा। इसलिए जरूरी है कि आप इस अवस्था से बाहर आएँ।

4) शरीर की गुणातीत अवस्था

गुणातीत शरीर का सूत्र –

आज करवाना है सो आज करवा,

कल करवाना है, सो कल करवा

तुम्हें जो लगे अच्छा, वही मेरी इच्छा

गुणातीत अवस्था में इंसान शरीर के सत्, रज या तम गुणों से बँधा हुआ नहीं रहता है। वह जरूरत के समय उन गुणों का उपयोग करता है और उसके बाद उनसे आसानी से अलग हो जाता है। अर्थात उसे उन गुणों से किसी तरह का मोह या चिपकाव नहीं रहता है। वह तीनों अवस्था से मुक्त होता है, साथ ही कर्ता भाव (यह मैंने किया) के अहंकार से भी मुक्त होता है क्योंकि उसे समझ होती है कि वास्तव में इस शरीर से कौन कार्य कर रहा है? गुणातीत अवस्था में सेल्फ भक्ति और समझ के सूत्र से शरीर के साथ जुड़ा होता है। रस्सी, हथकड़ी और सुतली को निकालकर भक्ति सूत्र से जुड़ना ही आपका लक्ष्य होना चाहिए। आपको सत्वगुणी अवस्था में भी नहीं अटकना है बल्कि भक्ति और समझ सूत्र की सहायता से उससे भी आगे गुणातीत अवस्था की ओर बढ़ना है। समझ सूत्र में हम यह समझते हैं कि हम (सेल्फ) इस शरीर के साथ क्यों जुड़े हुए हैं? सेल्फ शरीर के माध्यम से अपना अनुभव करना चाहता

है...अपनी अभिव्यक्ति करना चाहता है...प्रेम, मौन, आनंद की अभिव्यक्ति करना चाहता है। ऐसी अवस्था पाने के लिए ही भक्ति का महत्त्व है।

यदि इस अवस्था में हैं तो आप सही अवस्था में हैं।

इस पुस्तक द्वारा आप भक्ति को नए रूप में समझ रहे हैं। तमोगुणी, रजोगुणी, सत्वगुणी और गुणातीत इन चार अवस्थाओं में सेल्फ शरीर के साथ जुड़ सकता है। यदि भक्ति की पहचान हुई है तो आप खुद को याद दिलाएँगे कि 'इस वक्त मैं शरीर के साथ कैसे जुड़ा हूँ?' स्वयं से कहें, 'मुझे भक्ति सूत्र से बँधना है, न कि हथकड़ी से, रस्सी से या सुतली से। मुझे गुणातीत अवस्था तक पहुँचना है।' भक्ति आपके इस प्रायोजन में योग्य कार्य करेगी। आप भक्ति में शरीर के साथ जुड़े हैं। शरीर की वजह से ही आपको अपने होने का एहसास हो रहा है। भक्ति का जोड़ शरीर के साथ हलका-फुलका, प्रेमभरा रहता है। ऐसा जोड़ सेल्फ की मुक्ति यानी ईश्वर मुलाकात के लिए निमित्त बनता है।

खंड २

भक्ति सूत्र

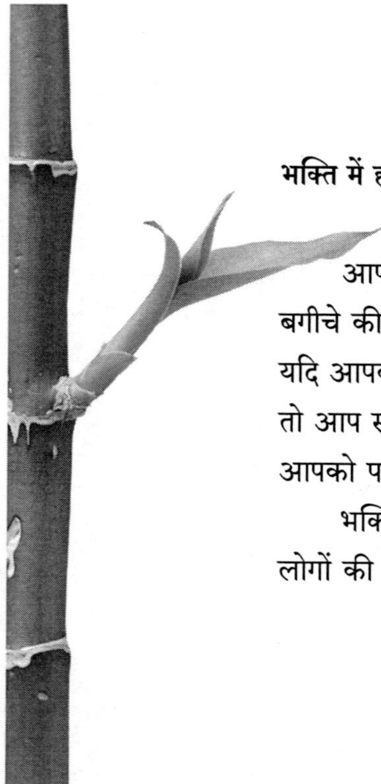

भक्ति में हम आगे बढ.रहे हैं या पीछे जा रहे हैं, यह कैसे पता चले?

इस सवाल के जवाब को समझने के लिए आपसे एक सवाल है।

आप किसी बगीचे की तरफ जा रहे हैं, जहाँ बहुत सारे फूल और पौधे हैं। उस बगीचे की ओर जाते वक्त आपको उनकी सुगंध आएगी या दुर्गंध? जवाब सरल है। यदि आपको दुर्गंध आ रही है तो आप गलत रास्ते पर हैं और यदि सुगंध आ रही है तो आप सही मार्ग पर चल रहे हैं। भक्ति में भी आपको ऐसे सबूत मिलते हैं, जिससे आपको पता चलता है कि आप सही रास्ते पर हैं या नहीं।

भक्ति के रास्ते पर चलते वक्त आपको सुगंध तब आएगी, जब आपका ध्यान लोगों की अच्छाइयों की तरफ जाएगा।

अध्याय 8

हर ताने से भक्ति बढ़े

तुलसीदास की भक्ति

संत तुलसीदासजी के जीवन की एक घटना से समझें कि अतेज (सांसारिक) प्रेम में कैसी भक्ति होती है।

तुलसीदासजी पहले स्वयं को पत्नी भक्त समझते थे। हालाँकि वह भक्ति नहीं आसक्ति थी मगर उन्हें ऐसा लगता था कि उनका पत्नी के प्रति प्रेम ही दिव्य प्रेम (तेजप्रेम) है। जब उनकी पत्नी अपने मायके गई तो वे उसके वियोग में तड़प उठे और उससे मिलने के लिए रात के समय में आँधी-तूफान से जूझते हुए अपने घर से निकल पड़े। रास्ते में उन्हें एक नदी पार करनी थी। रात के अंधेरे में नदी में एक मुर्दा शरीर तैर रहा था, वे उसे नाव समझकर उस पर बैठ गए और नदी पार करके अपने ससुराल पहुँच गए।

ससुराल पहुँचते-पहुँचते देर रात हो चुकी थी इसलिए वे घर के मुख्यः दरवाजे से अंदर नहीं जाना चाहते थे क्योंकि ऐसा करने से उन्हें अपने ससुरालजनों के परिहास और उलाहना का सामना करना पड़ सकता था। इसलिए उन्होंने पत्नी के कमरे के छज्जे (बाल्कनी) के रास्ते ऊपर जाना ठीक समझा। छज्जे पर एक लंबा सा साँप टँगा

हुआ था, तुलसीदासजी पत्नी से मिलने के लिए इतने व्याकुल थे कि उन्होंने उस साँप को रस्सी समझ लिया। उन्हें लगा कि पत्नी ने उनके आने के लिए ही रस्सी टाँगी हुई है इसलिए वे उसके सहारे छज्जे पर चढ़ गए। उस समय वे अपनी पत्नी के प्रेम में इतने खो गए थे कि उन्हें अपनी मौत तक दिखाई नहीं दी।

कमरे में जाते ही तुलसीदासजी अपनी पत्नी से मिले। उन्हें देखकर उनकी पत्नी हैरान रह गई। पत्नी ने आश्चर्य से उनसे पूछा, 'आप यहाँ तक कैसे पहुँचे?' इस पर उन्होंने अपनी पत्नी को सारी आपबीती सुनाई कि 'मैं तूफान के बावजूद आधी रात को नदी पार करके आया हूँ। नदी में एक नाव खड़ी थी, उसी पर बैठकर मैं यहाँ तक पहुँचा हूँ। तुम्हारे कमरे के छज्जे से रस्सी बँधी हुई देखी तो उसी के सहारे चढ़कर मैं तुम्हारे कमरे में आ गया। शायद तुम्हें मेरी याद आ रही होगी इसलिए तुमने बाहर रस्सी बाँधकर रखी होगी?' तुलसीदासजी इतनी विपदाएँ झेलने के बावजूद पत्नी का सान्निध्य पाकर प्रसन्न थे। यह सुनकर पत्नी ने उनसे कहा, 'मैंने तो कोई रस्सी नहीं बाँधी थी। चलो, चलकर देखते हैं कि वहाँ क्या था?' दोनों बाहर गए और देखा कि वहाँ पर एक लंबा सा साँप टँगा हुआ था। दोनों को आश्चर्य हुआ। फिर पत्नी ने तुलसीदासजी से कहा, 'यह तो साँप टँगा है, आप इस पर चढ़कर आए हैं! अब चलो देखते हैं कि नदी में क्या था?' जब नदी के पास जाकर देखा तो उन्हें एक और बड़ा झटका लगा कि वहाँ कोई नाव नहीं बल्कि मुर्दा शरीर था।

इससे समझ में आता है कि अतेज प्रेम में भी बहुत शक्ति होती है। इंसान मौत के डर से भी मुक्त हो जाता है, बड़ी-बड़ी विपदाओं को भी हँसते-हँसते झेल जाता है। अब जरा मनन करें कि यदि अतेज प्रेम आपसे इतना काम करवा सकता है तो तेजप्रेम (ईश्वर के प्रेम) में क्या-क्या हो सकता है!

तुलसीदासजी ने जो भी किया वह देखकर उनकी पत्नी परेशान हो गई और बोली, 'जितना प्रेम-अनुराग आपको मेरे इस नश्वर शरीर से है, यदि आप उतना प्रेम भगवान श्रीराम से करते तो कबका तर गए होते।' इस ताने ने तुलसीदासजी की आँखे खोल दी। असल में जिस भावना को वे भक्ति समझ रहे थे, वास्तव में वह वासना थी।

पत्नी द्वारा मिला ताना तुलसीदासजी को चुभ गया। इंसान को कौन सा ताना कब चुभ जाए, कैसे उसकी भलाई के लिए निमित्त बन जाए, यह कहा नहीं जा सकता। कब कौन सा ताना इतना अंदर तक चला जाए कि आपको मुक्त कर जाए, कोई नहीं जानता।

तुलसीदासजी को अपनी पत्नी की बात इतनी चुभ गई कि उन्होंने तय कर लिया कि अब आगे का जीवन श्रीराम की भक्ति के साथ ही जीना है। उसके बाद उनके अंदर इतनी भक्ति बढ़ी कि उनके हृदय स्थान से 'रामचरित मानस' नामक ग्रंथ निकला।

तात्पर्य- जब तक व्यक्ति (अहंकार) हटता नहीं है तब तक हृदय स्थान से ऐसी अमर, पवित्र, शुद्ध बातें नहीं आतीं। ऐसे अमर ग्रंथ लोग सदियों से पढ़ते आ रहे हैं और आगे भी पढ़ते रहेंगे। भक्ति की शक्ति से ही यह संभव होता है। यही भक्ति की शक्ति आपको अपने अंदर भी लानी है।

अध्याय 9

भक्त की पात्रता

वी.पी.पी.

इंसान में भक्ति जगाने के लिए ईश्वर की ओर से सतत कुछ न कुछ कार्य हो रहा होता है। ईश्वर के पास अथाह प्रेम, आनंद, मौन, आश्चर्य, सराहना का सागर है। इंसान में भक्ति जगाने हेतु ईश्वर बाहर से गुरु के द्वारा और अंदर से वी.पी.पी. द्वारा कार्य करता है। वी.पी.पी. में वी यानी विश्वास, पी यानी प्रेम और पी यानी प्रार्थना।

जिस तरह डाक के वी.पी.पी. द्वारा आपके पास पार्सल आता है, उसी तरह इस नए वी.पी.पी. द्वारा आपके पास भक्ति आती है। यह वी.पी.पी. हमारे अंदर ही होता है, सिर्फ इसे पहचानने के लिए गुरु बाहर से मार्गदर्शन देते हैं।

जैसे कोई आपसे कहे कि 'आप समुंदर का पानी पीकर जीएँ' तो इस पर आप कहेंगे, 'नहीं, हम नहीं जी सकते।' फिर कोई आपसे कहे कि 'आप समुंदर के पानी से पूरी पृथ्वी पर खेती करें' तब भी आप राजी नहीं होंगे। क्योंकि आप यह भली-भाँति जानते हैं कि समुंदर का पानी पीने लायक है ही नहीं और न ही उससे खेती की जा सकती है। वास्तव में समुंदर के पानी का इस्तेमाल अलग तरह से होता है। सबसे पहले भाप के जरिए समुंदर का पानी बादलों में भर जाता है, उसके बाद वह बरसता है और फिर सारी पृथ्वी पर हरियाली आती

है। अर्थात जो पानी बरसता है, वह पीने और खेती करने लायक भी होता है। भक्ति का चक्र भी ऐसा ही है।

99 फीसदी मामलों में यह देखने को मिलता है कि सत्य के खोजी को ज्ञान मिलता है, फिर उसमें भक्ति जाग्रत होती है और उससे सत्य प्राप्ति के लिए प्रार्थना होती है। हालाँकि यह बहुत पुराना तरीका है, जो आज भी कारगर है।

तात्पर्य- प्रेम और विश्वास का गुण हर इंसान के भीतर होता ही है लेकिन अब उसे बाहर निकालने की आवश्यकता है। इसमें गुरु की निर्णायक भूमिका होती है। जैसे डाकघर में आपका कोई पार्सल आया हो तो उसे वहाँ जाकर छुड़वाना पड़ता है, तभी वह आपको मिलता है। ठीक उसी तरह प्रार्थना, प्रेम और विश्वास को प्रकट करना होता है ताकि इनका लाभ आप अपने जीवन में हमेशा ले पाएँ। यदि पार्सल छुड़वाने के लिए आप पैसे नहीं भरते तो आपको पार्सल नहीं मिलता। इसका अर्थ है कि उस पार्सल को पाने के लिए आप पात्र नहीं हैं। इसी तरह भक्ति के लिए जब आप प्रार्थना करेंगे तो प्रेम और विश्वास आसानी से प्रकट होगा। प्रार्थना से दिव्य भक्ति जगती है इसलिए प्रार्थना करें कि 'मुझमें भक्ति का भाव जाग्रत हो।' हालाँकि शुरुआत में भक्ति का भाव आपको आकर्षित नहीं करेगा फिर भी आपको प्रार्थना निरंतरता से जारी रखनी है। प्रार्थना के जरिए जब अचानक आपमें भक्ति का उफान उठेगा तब आपको पता चलेगा कि प्रार्थना क्यों जरूरी थी।

ईमानदारी से आत्मविश्लेषण करनेवाला इंसान कहता है, 'धन्य हैं वे लोग जो भक्ति और विश्वास कर सकते हैं।' ऐसा इसलिए कहा गया क्योंकि यही वे गुण हैं, जो आपकी ईश्वर से मुलाकात करवाएँगे।

अध्याय 10

बेशर्त भक्त कैसे बनें

पाँच मटके

हम सभी बचपन से ही कई तरह की मनोरंजक कथा-कहानियाँ सुनते आए हैं, जैसे पंचतंत्र की कहानियाँ, भक्त प्रह्लाद, ध्रुव, राजा हरिशचंद्र, सावित्री-सत्यवान की पौराणिक कथाएँ आदि। ये कहानियाँ सदियों से प्रचलित हैं और पीढ़ी दर पीढ़ी लोगों को नैतिक और व्यावहारिक शिक्षा देती आ रही हैं। कहानियाँ लोगों को खासकर बच्चों को सीख देने का सशक्त माध्यम हैं। इन कहानियों के माध्यम से केवल गूढ़ ज्ञान ही नहीं बल्कि साधारण जीवन में काम आनेवाली बातों को भी बड़ी आसानी से सिखाया जा सकता है।

अकसर ऐसी कहानियों को सुननेवालों की पात्रता को ध्यान में रखते हुए, साथ ही कहानी की रोचकता बनाए रखने के लिए उसे कलात्मक और अलंकारिक ढंग से बढ़ा-चढ़ाकर प्रस्तुत किया गया है। उदाहरण के लिए, हमने कहानियों में पढ़ा है कि फलाँ भक्त को जहर दिया गया... फलाँ को हाथी के नीचे डाल दिया गया... फलाँ को क्रूर लोगों या कैदियों के बीच में छोड़ दिया गया... फलाँ को शेरों के बीच फेंक दिया गया... फलाँ को आग में डाल दिया गया... मगर भक्त प्रह्लाद, मीराबाई, संत कबीर जैसे भक्त इन विपत्तियों से चमत्कारिक ढंग से बाहर निकल आए। संत सुकरात हो या सीता हो, वे

आसानी से अग्निपरीक्षा से गुजर गए, उन्हें आग की तपन महसूस तक नहीं हुई।

कहानियों में वर्णित इस तरह के चमत्कारों को सुनकर एक आम इंसान की यही धारणा बनती है कि जब ये घटनाएँ हो रही थीं तब आकाश से ईश्वर ने उनके ऊपर कुछ विशेष कृपा की, जैसे कोई दिव्य प्रकाश डाला और वे लोग बच गए। एक सामान्य बुद्धि का इंसान इन कहानियों के मर्म को अर्थात उनमें छिपे असली अर्थ को नहीं समझ पाता। वह सोचता है कि जैसे संतों के साथ चमत्कार हुए, ऐसे ही मेरे साथ भी होंगे। जिसके परिणामस्वरूप वह चमत्कारों से प्रेरित होकर ईश्वर की भक्ति करता है। मगर जब उसे कोई चमत्कार होते हुए दिखाई नहीं देते तब वह भक्ति से विमुख हो जाता है। जबकि महान संतों की वास्तविकता यह थी कि वे ईश्वर के सच्चे भक्त थे। भक्ति की वजह से उन्हें यह प्रशिक्षण स्वतः ही मिल चुका था कि घोर विपत्तियों के समय पर अपना ध्यान कहाँ पर स्थापित होना चाहिए। परिणामतः घोर विपत्तियों में भी वे अपने हृदय स्थान (तेजस्थान) से नहीं हिले बल्कि अनुभव में ही स्थापित रहे। इसलिए बाहरी तौर पर विपत्तियाँ आईं और चली गईं मगर वे उन्हें छू भी नहीं पाई।

कुछ लोगों का प्रशिक्षण अथक प्रयास या कोशिश से होता है। जबकि भक्तों का प्रशिक्षण जीवन की घटनाओं में भक्ति की वजह से स्वतः ही होता जाता है। गुरु की उपस्थिति में, उनके मार्गदर्शन में कई सारे शिष्य भक्त तो बन जाते हैं मगर सच्चे भक्त नहीं बन पाते। सच्चे भक्त वही होते हैं, जो बेशर्त भक्ति करते हैं और हमेशा अपने तेजस्थान पर रहकर ही कार्य करते हैं। निम्नलिखित ऐनालॉजी से आप भक्ति के लिए स्वयं को खाली करने की कला सीख सकते हैं।

> मान लीजिए आपके सामने पाँच अलग-अलग मटके रखे हैं। उनमें से कुछ मटके उलटे रखे हैं और कुछ सीधे रखे हैं। इस ऐनालॉजी में मटके का अर्थ है बुद्धि।
>
> पहले मटके में जब भक्ति का रंग डाला गया तो रंग उसके अंदर नहीं गया क्योंकि वह मटका उलटा रखा था। इस मटके को हम भूरालाल कह सकते हैं। भूरालाल नहीं चाहता कि उसके अंदर का

खालीपन, भूरा या लाल रंग किसी को दिखाई दे। इस वजह से उस पर भक्ति का रंग डालने के बावजूद वह अंदर तक नहीं पहुँचा।

दूसरे मटके में भी भक्ति का रंग नहीं पहुँच पाया क्योंकि वह पहले से ही ऊपर तक भरा हुआ था। इस मटके को हम भरालाल कह सकते हैं। उसे पहले से ही लाल शराब से भर दिया गया था इसलिए उसमें भक्ति का रंग डालने का कोई फायदा नहीं हुआ।

इस तरह एक इंसान अपना खालीपन दिखाना नहीं चाहता और दूसरा पहले से ही शराब के व्यसन से भरा हुआ होता है।

तीसरे मटके को हम छेदीलाल कह सकते हैं। उसमें कई सारे छेद हैं इसलिए उसमें जो भी रंग डाला जाता है, वह उसके छेदों से बाहर बह जाता है, अंदर रुक नहीं पाता।

छेदीलाल जैसी मनोवृत्तिवाले लोगों के दिल और दिमाग में भक्ति का रंग ठहर नहीं पाता क्योंकि उनके दिमाग में बहुत कुछ चलता रहता है। उनके भीतर बहुत से संशय, तर्क-वितर्क रहते हैं, जिस कारण वे सहज मन से भक्ति के लिए ग्रहणशील नहीं रह पाते।

ऐसे लोगों को आशीर्वाद भी दिया जाए तो वह भी बह जाता है क्योंकि वे उस आशीर्वाद के लिए ग्रहणशील नहीं होते। ऐसे लोग अपने गुरुजी से शिकायत भी करते हैं कि 'बाकी लोगों को आशीर्वाद दिया मगर मुझे नहीं दिया।' तब गुरुजी द्वारा उन्हें यही कहा जाता है कि 'नाराज होने के बजाय पहले अपने मटके का निरीक्षण करें। गुरु पर शंका लाने के बजाय पहले अपने आपको देखें कि अपना मटका कैसे रखा है? सिर में कितने छेद हैं? यदि छेद हैं तो आशीर्वाद आएगा लेकिन बह जाएगा।

बताने का तात्पर्य यदि आपका मटका उलटा रखा है, शराब या बेहोशी से भरा है, कर्मकाण्ड और मान्यता के अनुसार कार्य करता है तो उस पर भक्ति का रंग डालने का कोई लाभ नहीं होगा। पहले जो आशीर्वाद आपको मिला है, उसका लाभ लें और उसे जीवन में फलित होने दें। वरना यदि आप दूसरे आशीर्वाद की चाहत में पहले का लाभ न लेकर नाराज हो रहे हैं तो इसका

अर्थ है कि आपकी कोई आध्यात्मिक उन्नति नहीं हो रही है बल्कि आप पीछे ही जा रहे हैं।

चौथा मटका जहरीली शिवाल से दूषित है। यह एक ऐसी घास होती है, जो पानी के सतह पर जम जाती है। इसलिए उस मटके में यदि अमृत भी डाला जाए तो जहरीले पानी के असर से वह भी जहर ही बन जाएगा। ऐसे में जो भी इंसान उस मटके का पानी पिएगा, उसमें रोग का संचार होकर, उसके शरीर में विष फैल जाएगा।

ऐसी मनोवृत्तिवाले लोगों की बुद्धि मंथरा की तरह जहरीली होती है यानी वे दूसरों को कष्ट देकर, दूसरों पर अत्याचार करके सुख पाते हैं। वे सदैव दूसरों का बुरा ही सोचते हैं और बुरा ही करते हैं। ऐसे लोगों की संगति से बचना चाहिए वरना उनकी विकृत मनोवृत्ति का असर आप पर भी पड़ेगा।

पाँचवाँ मटका सीधा रखा है, साथ ही वह खाली और शुद्ध भी है। जब उसमें भक्ति का रंग डाला जाएगा, तो वह उसे आत्म सात कर लेगा और उसी रंग में रंग जाएगा। भक्ति की महिमा से उसका पानी भी अमृत बन जाएगा जो उसके साथ-साथ दूसरों को भी लाभ देगा।

अब आप दो मिनट के लिए पुस्तक को बाजू में रखकर, मनन करें और अपने आपसे पूछें कि 'यह पुस्तक पढ़ते हुए मेरा आंतरिक मन (हेड) कैसा है? वह भक्ति और आशीर्वाद पाने हेतु ग्रहणशील है या नहीं है?'

यदि आपका मटका रूपी मस्तिष्क न भूरालाल है, न भरालाल है, न छेदीलाल है और न ही विषाक्त है तभी उसकी भक्ति से भरने की पूरी संभावना है। अगर आपका मस्तिष्क भी पाँचवें मटके की तरह शुद्ध और कृपा के लिए ग्रहणशील होकर संपूर्ण रूप से उपस्थित होगा तो ही वह भक्ति लेने के लिए सुपात्र बनेगा।

जो इंसान भक्ति में झुकने के लिए तैयार नहीं है, उसके सिर पर हाथ

रखकर उसे आशीर्वाद मिलता है ताकि उसका सिर झुक पाए। कारण मस्तिष्क में रहकर तेजभक्ति नहीं होती, उसके लिए हृदय (तेजस्थान) पर आना जरूरी होता है, वहाँ से ही बायहार्ट यानी बेशर्त भक्ति होती है।

अध्याय 11

प्रार्थना और ग्रहणशीलता

ईश्वर की याद

आप रोजाना अलग-अलग स्वभाव के लोगों से मिलते हैं, उनमें से खुशमिजाज लोगों से मिलकर आपको अच्छा लगता है। उनसे मिलकर आप यह महसूस करते हैं कि उनकी खुशी आपके जीवन में भी असर कर रही है इसीलिए जब आप दुःखी होते हैं तो उस समय खुशमिजाज लोगों से मिलना चाहते हैं।

कोई इंसान इसलिए हमेशा खुश रह सकता है क्योंकि उसके सारे काम-काज सही समय पर हो रहे हैं, उसका मनोरंजन हो रहा है, उसके जीवन में कोई समस्या नहीं है यानी कुल मिलाकर उसका सब कुछ अच्छा चल रहा है...।

एक इंसान इसलिए भी खुश रह सकता है क्योंकि उसने ठान लिया है कि 'चाहे जो भी परिस्थिति हो, मुझे हमेशा खुश रहना है।' ऐसे लोग जीवन को खूबसूरती और सकारात्मक दृष्टिकोण से देखते हैं। लेकिन इन दोनों से परे एक अलग किस्म की खुशी की अवस्था भी है और वह है उच्चतम खुशी, जो स्वअनुभव पर स्थापित होने के बाद मिलती है। यह खुशी सीधे इंसान के हृदय से ही निकलती है। इसके लिए किसी बाह्‌य कारण की आवश्यकता

नहीं होती। बाहर सुख हो या दुःख, धूप हो या छाँव, इस अंतिम और स्थायी खुशी का प्रवाह लगातार जारी रहता है। ऐसी उच्चतम खुशी के संपर्क में आने को ही 'भक्ति योग' कहा गया है। भक्ति योग यानी हमारा संपर्क हृदय स्थान (तेजस्थान) से हो जाए, जहाँ से उच्चतम खुशी का संचार सबसे ज्यादा हो रहा होता है। इसी वजह से भक्ति होने को 'कृपा' कहा गया है। गुरु के संपर्क में आते ही उच्चतम खुशी (स्वअनुभव) का संचार स्वतः ही होने लगता है, इसीलिए इंसानी जीवन में गुरु को इतना अधिक महत्त्व दिया जाता है।

शुद्ध भक्ति में वह शक्ति है कि यह हमें अहंकारी ज्ञानी होने से भी बचाती है और हमारी वृत्तियों (पैटर्नस्) के बावजूद हमसे नए चुनाव करवाती है। अर्थात भक्ति में इंसान अपनी पुरानी आदतों को तोड़कर, गुरु आज्ञा में रहना शुरू करता है। अपने शरीर को साधता है, व्यसनों, दुर्गुणों, तमोगुण का त्याग कर सेवा कार्य, ध्यान, मनन, पठन आदि करना आरंभ करता है। वह वे ही कार्य करने लगता है जो ईश्वर को प्रिय हैं। इसके विपरीत भक्ति विहीन ज्ञानी लोग स्वयं को श्रेष्ठ समझकर अपनी वृत्तियों और मान्यताओं (पैटर्नस्) को ही महत्त्व देते रहते हैं। ऐसे में उन्हें ज्ञान मिलना, न मिलना एक बराबर हो जाता है। वह ज्ञान उनका नुकसान ही करता है क्योंकि वह उन्हें लचीला और ग्रहणशील बनने नहीं देता। ऐसे ज्ञानी लोग ज्ञान का अहंकार लेकर जीते हैं इसलिए इनके मामले में भक्ति की भूमिका अति महत्वपूर्ण हो जाती है।

गुरु की उपस्थिति में यदि मन शांत बैठकर आश्चर्य से देख रहा है तो इसका अर्थ है कि आप ग्रहणशील हो रहे हैं। जब भी कोई शिष्य गुरु की उपस्थिति में ग्रहणशील होता है, तभी उपनिषद् बनता है। कई सारे उपनिषद् इसी तरह बने हैं। यदि आप गुरु की उपस्थिति में ग्रहणशील हो पा रहे हैं तो अब जहाँ पर गुरु का मनोशरीर यंत्र (शरीर) उपलब्ध नहीं है, उस वातावरण में भी आप ग्रहणशील होने का प्रयास करें। अर्थात घर पर भी आपकी ग्रहणशीलता बरकरार रहनी चाहिए। यह कार्य आज आपको कठिन लगे मगर निरंतर अभ्यास से यह संभव है।

हर इंसान में पहले ईश्वर के सगुण रूप (आकार) को देखकर ही भक्ति जाग्रत होती है। गुरु की सशरीर उपस्थिति इंसान की भक्ति, ग्रहणशीलता और

समर्पण भाव को बढ़ाती है। इसके बाद ही गुरु द्वारा मिले ज्ञान से वह आकार से निराकार की ओर जाता है, सीमितता से असीम की यात्रा करता है। फिर वह गुरु की सशरीर उपस्थिति के बिना भी उनकी छाया में ही रहता है। ऐसे में इंसान कुदरत से, घटनाओं से, यहाँ तक की दिखावटी सत्य (माया) से भी गुरु के संकेतों को पकड़ने की कोशिश करता है। अर्थात जब आप गुरु के सामने सही तरीके से उपस्थित होते हैं तो माया की दुनिया में हर जगह भक्ति और ग्रहणशीलता आपके काम आती है।

प्रार्थना से भक्ति

भक्ति बढ़ाने के लिए आपको सबसे पहले प्रार्थना से शुरुआत करनी चाहिए। अपनी प्रार्थना में आप कुदरत से कहें,

'हे ईश्वर, ऐसा हो जाए कि तुम्हारी याद आते ही मैं अनुभव पर पहुँच जाऊँ। हे ईश्वर, जब भी तुम्हारा नाम मेरे होठों पर आए तो मेरी आँखों से आँसू आ जाएँ।'

कुदरत पहले देखती है कि यह इंसान जो प्रार्थना कर रहा है, क्या वाकई वह वही चाहता है या सिर्फ क्षणिक भावावेश में आकर प्रार्थना कर रहा है। अगर इंसान निरंतरता से, बिना भूले अपनी प्रार्थना करता रहे तो उसकी प्रार्थना में बल आ जाता है।

प्रार्थना में इंसान सीधे ईश्वर से संवाद साधता है और उससे कहता है, 'तुम्हें जो लगे अच्छा, वही मेरी इच्छा।' हालाँकि हर इंसान ऐसा कह नहीं पाएगा क्योंकि उसे यह पता नहीं होता कि ईश्वर को कौन-कौन सी बातें अच्छी लगेंगी। पर जैसे-जैसे आपमें भक्ति का एहसास शुरू होगा, वैसे-वैसे आपकी प्रार्थना में बल आएगा तभी ईश्वर की इच्छा आपकी इच्छा बनेगी। इसी में आपका तेजलाभ छिपा है। अज्ञान में मन सिर्फ अपनी कथाएँ बनाता रहता है जैसे, 'मेरे लिए यह अच्छा है..यह बुरा है..मेरे साथ ऐसा-ऐसा होगा तो ही मेरा जीवन सफल होगा' इत्यादि और स्टैम्पिंग करता (अपनी मान्यताओं पर मोहर लगाता) रहता है। मन की इस सीमित सोच को बुद्धि नहीं समझ पाती इसलिए उसे भक्ति, मनन उपासना एवं तेज प्रार्थना द्वारा प्रशिक्षण दिया जा रहा है ताकि उसकी ग्रहणशीलता बढ़े।

अध्याय 12

मौन में भी भक्ति है

अभिव्यक्ति के दो प्रकार

किसी को मौन में बैठा हुआ देखकर, आपके मन में एक पल के लिए भी यह विचार नहीं आता कि वह भक्ति कर रहा है क्योंकि समय के साथ भक्ति की परिभाषा खो गई है। आज-कल सामान्यतः आरती, दोहे, भजन, स्तोत्र आदि की नृत्य और गायन अभिव्यक्तियों, तीर्थयात्राओं और कर्मकाण्डों को ही भक्ति से जोड़ा जाता है, जबकि मौन में बैठना भी भक्ति की ही अभिव्यक्ति है। यदि कोई इंसान मौन में बैठा है तो उसकी उपस्थिति सेल्फ के लिए मददगार साबित होती है। जब किसी इंसान के अंदर का अहंकार (नकली मैं) चुप होता है तभी सेल्फ को जाग्रत होने का मौका मिलता है। भक्त के अंदर सेल्फ यानी स्वअनुभव को जाग्रत करना ही भक्ति का मूल उद्‌देश्य होता है। अतः मौन अभिव्यक्ति सबसे श्रेष्ठ भक्ति है। अब दो मिनट के लिए मनन करके अपने आपसे पूछें कि 'आज मैं किस प्रकार की भक्ति कर रहा हूँ और दिव्य भक्ति तक पहुँचने में कौन सी चीज बाधा बन रही है?'

मौन में सेल्फ अपना दर्शन कैसे करता है, आइए, इस बात को आइने के उदाहरण से समझते हैं।

आप आइने में अपना चेहरा देखने के लिए क्या करते हैं? आप उसके सामने खड़े हो जाते हैं। आइना भी अपनी ओर से कुछ नहीं करता, वह आपके सामने मात्र उपस्थित होता है। अब जरा सोचिए, यदि आइना अपना प्रारूप, डिजाइन या पैटर्न लगातार बदलता रहे तो क्या आप आइने में अपना चेहरा स्पष्टता से देख पाएँगे? मान लीजिए, आइना वाकई ऐसा करता है तो कुछ क्षण पहले एक अलग डिजाइन होगी और आप उसके हिसाब से अपने चेहरे को व्यवस्थित (एडजस्ट) करेंगे ताकि आप अपना पूरा चेहरा आइने में देख सकें। तभी दूसरी डिजाइन बीच में रुकावट बनकर आ जाएगी। फिर आपको उसके हिसाब से अपना चेहरा आगे-पीछे करके व्यवस्थित (एडजस्ट) करना पड़ेगा।

बताने का तात्पर्य- जिस तरह आपको आइने में अपना चेहरा दिखाई देता है, उसी तरह इंसान भी जब मौन में बैठता है तो सेल्फ उसके द्वारा अपना साक्षात्कार करता है। एक भक्त को मौन में इस तरह उपस्थित होना चाहिए कि उसके शरीर की कोई भी वृत्ति अथवा गलत आदत या आकार मौन में बाधा न डाले। दिनभर चाहे शरीर पर कोई भी वृत्ति हावी रहे मगर मौन के समय में एक भी वृत्ति अपना सिर न उठा पाए।

भले ही थोड़े समय के लिए ही सही मगर मौन में आइना यानी शरीर वृत्तियों से मुक्त (पैटर्नलेस) और साफ (शुद्ध और पवित्र) होना चाहिए ताकि सेल्फ (चेतना, चैतन्य, स्वअनुभव) आपके शरीर द्वारा अपना साक्षात्कार कर पाए। असल में मौन में बैठकर स्वअनुभव करना भक्ति ही है। मगर उसे भक्ति नहीं बल्कि ध्यान करना कहा जाता है। सच्चा ध्यान दरअसल भक्ति ही है।

अभिव्यक्ति के दो प्रकार

एक भक्ति इस प्रकार की होती है, जैसे आप सुबह जल्दी उठते हैं और एक भक्ति वह होती है, जिसमें आप देर से सोते हैं... एक आपको ज्यादा आसान लगेगी, एक थोड़ी कठिन लगेगी... एक में आपको कुछ नहीं करना है और दूसरी में बहुत कुछ करना है...। ऐसे में दरअसल कुछ नहीं करना भी कठिन हो जाता है। 'कुछ नहीं करना' वास्तव में क्या होता है, यह लोगों को पता नहीं है इसीलिए इस तरह की भक्ति प्रचलित नहीं हो पाती और इसे सम्मान

नहीं मिलता। साधारणतः जो प्रकट रूप में आता है, जो दिखाई देता है, वही सही लगता है क्योंकि इंसान जो देखता है, उसी के बारे में बात कर पाता है। लेकिन भक्ति की शुरुआत मौन भक्ति से ही हुई थी, जहाँ आप मात्र उपस्थित रहते हैं। प्रार्थना करके आप अपने आपको ग्रहणशील बनाते हैं, उपस्थित होते हैं और फिर सेल्फ जो भी चाहता है, वह होता है।

वास्तविक भक्ति करना यानी सेल्फ शरीर के द्वारा अपनी अभिव्यक्ति करे, इसके लिए हम उपस्थित रहते हैं। इस उपस्थिति में यदि अज्ञान, मान्यताएँ, व्यसन, वृत्तियों को विसर्जित कर दिया जाता है तो यह सही उपस्थिति होती है। ऐसी उपस्थिति मौन में होती है इसलिए मौन का लक्ष्य भक्ति को समझना भी है।

अतः भक्ति को समझने एवं बढ़ाने के लिए मौन को अपनी दिनचर्या का अंग बनाएँ। अपना महत्वपूर्ण समय वृत्तियों में बरबाद न करें बल्कि हर दिन मौन की गहराई में जाएँ।

अध्याय 13

नाम सिमरन का महत्त्व

जिंदा गुरु संकेत

प्राचीन काल से नवजात शिशुओं को ईश्वर या देवी-देवताओं के नाम देने की प्रथा चली आ रही है। एक इंसान यदि अपने बेटे का नाम नारायण रखता है तो उसे यह विश्वास होता है कि मरते वक्त जब वह अपने बेटे को पुकारेगा तो बिना किसी कष्ट के स्वतः ही नारायण के नाम का जाप हो जाएगा। ऐसा करने के पीछे इंसान का उद्‌देश्य था कि अपने अंतिम समय में ईश्वर को याद कर अपनी स्वर्ग प्राप्ति की इच्छा पूरी की जाए।

हकीकत में बच्चों के नाम भगवान के नाम पर रखनेभर से ईश्वर का जाप नहीं होता और न ही ईश्वर की प्राप्ति। दूसरी ओर ऐसा करने के पीछे मूल उद्‌देश्य था वह नाम सुनकर या पुकारकर लोग अपने होने के अनुभव पर जा सकें, साथ ही दिनभर के कार्य में स्वयं की याद बनी रहे।

जब भी मुख्य उद्‌देश्य खो जाता है तब शेष रह जाते हैं केवल कर्मकाण्ड। यही वजह है कि लोगों को नाम सिमरन के उच्चतम लाभ न मिल पाए। इसके विपरीत लोगों ने नाम सिमरन के ऐसे आसान तरीके खोज लिए, जिनसे केवल अंधभक्ति ही होती है। अतः जब कोई सही ढंग से ईश्वर को याद करेगा तो वह उद्‌देश्य सफल होगा, जिसके लिए ईश्वर को याद किया जा रहा है। इसलिए

अपने बच्चे का नामकरण सोच-विचार करके करें। जब बच्चा बड़ा होगा तब स्कूल या किसी अन्य जगह पर उसके नाम का मजाक न उड़ाया जाए या उसे चिढ़ाया न जाए, इस बात का भी ध्यान रखें।

जहाँ पर अंध भक्ति होती है, वहाँ लोग आसान तरीके अपनाकर, गलत धारणाओं में फँसे रहते हैं। उन्हें लगता है कि वे ईश्वर की भक्ति कर रहे हैं, जबकि यह अधूरी भक्ति है। परिणामतः लोग जीवन के अंत तक सत्य से वंचित रह जाते हैं।

'नाम सिमरन से ईश्वर प्राप्ति होती है', इस प्रथा के पीछे यह भी समझ थी कि इंसान ईश्वर प्राप्ति के लिए यात्रा की शुरुआत कर पाए वरना गहराई की बातें वह शुरुआत में समझ नहीं पाएगा। जैसे एक नौसिखिया आध्यात्मिक यात्रा की शुरुआत करे और उसे कई सारी बातें एक साथ बता दी जाएँ तो उसके उलझने की संभावना अधिक होती है। इसलिए शुरुआती दौर में खोजी को नाम सिमरन करने के लिए बताया जाता था। पुराने समय में नाम सिमरन का असली उद्देश्य था कि वह आदत धीरे-धीरे प्रार्थना बन जाए और आगे उस प्रार्थना में बल भी आए। उसी बल से आगे का पैगाम या कहें संकेत आएगा और लोग आगे की तैयारी कर पाएँगे।

नाम सिमरन संकेत

> एक इंसान राष्ट्रपति का नाम सिमरन कर रहा था। यह बात जब राष्ट्रपति को पता चली तो वे सोचने लगे, 'इस इंसान के घर जाना ही चाहिए।' इसके लिए उन्होंने पहले अपने कुछ लोगों को उसके घर सूचित करने के लिए भेजा कि 'फलाँ दिन राष्ट्रपति आपके घर आनेवाले हैं।' उन लोगों ने उस इंसान के घर का अच्छी तरह से मुआयना भी किया ताकि राष्ट्रपति के आने से पहले वहाँ पर कुछ व्यवस्थाएँ की जा सकें।
>
> उस इंसान ने अपने घर की अच्छी तरह से साफ-सफाई की, लोगों से सलाह ली कि घर में और क्या-क्या बदलाव करने चाहिए। फिर मुहल्ले के लोगों को इकट्ठा करके राष्ट्रपति के आने

की खबर दी। इस तरह उसका कार्य शुरू हुआ।

ठीक इसी तरह ईश्वर के आने से पहले उसकी आज्ञा आप तक पहुँच जाती है ताकि इंसान उस आज्ञा पर काम कर पाए। वैसे ही जैसे राष्ट्रपति के आने से पहले उनकी आज्ञा पहुँची। उस आज्ञा के द्वारा यह देखा गया कि वह इंसान राष्ट्रपति से मिलने के लिए कितना तैयार था। यही बात ईश्वर के साथ बातचीत में भी लागू होती है।

अर्थात जब इंसान ईश्वर से मिले तब जो भी बातें होंगी, उनके लिए इंसान तैयार हो। आज्ञा मिलते ही इंसान तैयारी शुरू करता है। पहले वह नाम सिमरन करता है, धीरे-धीरे उसकी प्रार्थना में बल आता है, उसे कुछ जानकारियाँ मिलती हैं, साथ ही भक्ति का रहस्य भी पता चलता है। यह सब स्वतः ही होता है मगर पहले ही उसे ये बातें बताई जाएँ तो वह समझ नहीं पाएगा। अतः भक्ति की यात्रा में इंसान के साथ क्या होता है, यह समझने के लिए शुरुआत में उसे नाम सिमरन करने के लिए कहा जाता है।

लोग नाम सिमरन तो करते हैं मगर कभी किसी ने सोचा ही नहीं कि इसके पीछे क्या रहस्य होगा। मान लें, एक इंसान नाम सिमरन कर रहा है और उसे आज्ञा आ रही है, कोई संकेत लेकर आ रहा है कि 'सत्संग में चलो।' संकेत सुनने के बाद वह कहता है, 'मुझे डिस्टर्ब मत करो। अभी मुझे केवल नाम सिमरन करने दो।' ऐसे लोग अज्ञान के कारण ईश्वर द्वारा आए हुए संकेत को भी पहचान नहीं पाते। इसलिए नाम सिमरन करनेवाले को हमेशा सजग रहना चाहिए क्योंकि उसके लिए कभी भी कोई आज्ञा या संदेश आ सकता है। जिसे ग्रहण कर इंसान उस पर आगे कार्य भी कर सकता है। कार्य से ही उसे नाम सिमरन का सही लाभ मिल सकता है। मगर आज इंसान नाम सिमरन के लाभ सुनने के लिए तैयार ही नहीं है। वह समझ ही नहीं पाता कि ईश्वर अलग-अलग तरीके से संकेत और आज्ञा दे रहा है। लगातार नाम सिमरन करने के कारण ही उस इंसान तक आज्ञा पहुँच रही है। मगर अपने अज्ञान में इंसान सुनने के लिए तैयार ही नहीं है और न ही वह आज्ञा को ग्रहण कर पाता है।

इन सभी बातों को ध्यान में रखकर पुराने जमाने में कुछ प्रथाएँ बनाई गईं। उन प्रथाओं के तहत इंसान अपने गुरु की उपस्थिति में सजग रहता था। गुरु के साथ होने से शिष्य में परिवर्तन होकर वह भक्त बनने लगता था। गुरु की उपस्थिति का सबसे बड़ा लाभ यह था कि वे शिष्य को कहीं पर भी रुकने न देकर हमेशा जाग्रत रखते थे।

आज भी जिंदा गुरु के साथ ये सारी बातें लागू होती हैं। जिंदा गुरु हमेशा अपने शिष्य को जाग्रत रखकर, विकासपथ पर आगे बढ़ाते हैं। इसलिए पुराने समय से आज तक जिंदा गुरु का महत्त्व बताया जाता है।

अध्याय 14

गुरु भक्ति द्वारा अनुशासन

बहानों में बहने से कैसे बचें

खोजी से भक्त बनने की यात्रा में गुरु कृपा को याद कर, भक्त के द्वारा अलग-अलग अभिव्यक्तियाँ होती हैं। किसी से भजन निकलते हैं तो कोई मौन में रहता है। किसी के द्वारा नृत्य अभिव्यक्ति होती है तो किसी की आँखों से आँसू बहते हैं। ऐसे में कुछ लोगों को यह आभास हो जाता है कि इस तरह आँसू निकलना ही भक्ति है किंतु ऐसा नहीं है। भक्ति के आँसू निकलना केवल भक्ति के विशाल वृक्ष के फूलों समान है। यह पूरा वृक्ष नहीं है। भक्ति का संपूर्ण वृक्ष वह है, जिसमें फल, फूल, टहनियाँ, तना और जड़ें भी हैं। भक्ति की शक्ति पहले भाव, विचार और वाणी में आती है, फिर वह क्रियावी रूप लेती है। क्रियावी भक्ति यानी गुरु द्वारा आपको जो साधना मिलती है, उसे हर हाल में करना ही है... रोज ध्यान में बैठना और आज्ञा का पालन करना ही है... घटनाओं में सही प्रतिसाद देना ही है। जब आप सामान्य ज्ञान का उपयोग करते हुए ये सब बातें करते हैं तो इसका अर्थ है कि भक्ति उच्च स्तर पर पहुँचकर, क्रिया में आ रही है।

ऐसे में आपके अंदर से स्वतः ही निकलेगा कि 'एक बार मैंने गुरु को वचन दिया तो मैं अपने मन की भी नहीं सुनूँगा।' अर्थात जो हमने सुना है, जो

आज्ञा मिली है, वह सब करना ही है। कभी-कभी किसी कारण से नहीं कर पाए तो यही देखें कि आगे गुरु के वचन का पालन कैसे किया जाए। फिर आप वही योग्य क्रिया कर पाएँगे, जो सहज संभव है। यही भक्ति की शक्ति है।

भक्ति की शक्ति हमारे जीवन में वैसे ही काम करे, जैसे मीरा के जीवन में भक्ति ने काम किया। मीरा ने कहा था, 'मैंने ईश्वर को खरीदा है।' लोगों ने कहा, 'यह तो काला है... यह तो गोरा है... तुमने सस्ते में खरीदा है... महँगे में खरीदा है...।' मगर मीरा ने कहा, 'मैंने आँखें खोलकर खरीदा है।' हकीकत में मीरा ने कहा कि उसने अपने अनुभव पर जाकर ईश्वर की खरीददारी की है।

ध्यान में आप बाहर से आँखें बंद करते हैं यानी वास्तव में आंतरिक रूप से आँखें खोल लेते हैं। आपको भी गुरु के मार्गदर्शन से अपनी आंतरिक आँखें खोलकर, अपने आंतरिक अनुभव पर रहना है, तभी आपको भक्ति रहस्य समझ में आएगा। गुरु की उपस्थिति में ही शिष्य भक्त बनने लगता है, उसे गुरु के द्वारा योग्य प्रशिक्षण प्राप्त होता है।

अनुशासन

पुराने जमाने की एक प्रथा के तहत लोग आश्रम में जाकर गुरु के सान्निध्य में रहते थे। वहाँ पर गुरु की उपस्थिति में आश्रम के सारे काम सहजता से चलते थे। शिष्य की हर गतिविधियों पर ध्यान रखा जाता था। गुरु के सम्मुख शिष्य में किस तरह का परिवर्तन होता है, यह आगे दिए गए उदाहरण द्वारा समझते हैं।

> एक आश्रम में गुरु के साथ एक शिष्य बैठा हुआ था। उसने देखा कि गुरुजी के सामने उसे बहुत नींद आ रही है। फिर उसे याद आया कि 'आज दोपहर को मैंने ज्यादा खाना खा लिया है।' उसे इस बात पर बहुत शर्म आई इसलिए उसने तुरंत उठकर गुरुजी से कहा, 'आज आपके सामने मुझे बहुत नींद आ रही है लेकिन कल मैं आपको शिकायत का मौका नहीं दूँगा। कल दोपहर को मैं कम खाना खाऊँगा।' गुरु के सम्मुख इंसान किस तरह सजग होकर योग्य बदलाहट लाता है, यह इस घटना से समझ में आता है।

आश्रम में गुरु के सान्निध्य में रहने की प्रथा बनाने के पीछे यही उद्देश्य था कि इंसान अनुशासित हो जाए। गुरु को इस बात से कोई फर्क नहीं पड़ता कि शिष्य प्रवचन के समय सो रहा है, खर्राटे ले रहा है, बीच-बीच में डकार दे रहा है या सिर खुजला रहा है। इंसान अपनी पुरानी आदत की वजह से जैसा करता आ रहा है, गुरुजी के सामने भी वह वही करेगा। मगर गुरु की उपस्थिति में धीरे-धीरे इंसान में अनुशासन आएगा। फिर वह सीधा बैठने लग जाएगा, सही ढंग से उपस्थित रहेगा। गुरुजी ने कुछ आज्ञा दी तो वह तुरंत डायरी में नोट कर लेगा। ऐसे में यदि गुरुजी ने कोई साधारण आज्ञा भी दी तो शिष्य तुरंत उस पर अमल करने का प्रयास करेगा। इन बातों से शिष्य के शरीर में एक अनुशासन आएगा। ऐसे में शिष्य सोएगा भी तो उसके अंदर सजगता बनी रहेगी। ऐसा करने के पीछे उद्देश्य है होश की तीव्रता बढ़ाना।

बाहरी जगत में आप लोगों के सामने रहते हैं तो आप अपनी गतिविधियों के प्रति उतने सजग नहीं रहते। मगर अनुशासन में रहने की वजह से इंसान में अपने आप ही सजगता आ जाती है। यदि गुरुजी के सामने आप अनुशासन में रह पाए तो संभावना है कि बाहरी जगत में भी आप वैसे ही रह पाएँगे। इन सबके पीछे गुरुजी का उद्देश्य होता है कि गुरु की अनुपस्थिति में भी आपका होश बरकरार रहे।

शुरुआत में एक नए इंसान को आश्रम में रहना अच्छा नहीं लगेगा क्योंकि अभी तक उसमें भक्ति नहीं जगी है। साथ ही आश्रम की अनुशासित गतिविधियाँ उसे कैदी की हथकड़ियों समान प्रतीत होंगी। मगर अगर आप याद करेंगे तो पाएँगे कि आपको भी तब बहुत बुरा लगा होगा, जब आपके माता-पिता ने पहली बार आपको ब्रश करना सिखाया था... वे आपको रोज जल्दी उठाकर ब्रश करवाते थे... फिर ठंढे पानी से मुँह धोकर, नहलाकर स्कूल भी भेजते थे... जब आप खेल रहे होते थे तो आधे खेल से ही आपको वापस घर बुलाते थे... पढ़ाई करने के लिए कहते थे...। उस समय आपको बुरा लगता था लेकिन आज आप समझते हैं कि आपके साथ ऐसा क्यों किया जाता था। इसी से समझें कि जब माया का खेल आप खेल रहे हैं और गुरु आपको आधे खेल में से बाहर लेकर आएँगे तो पहले आपको बुरा लगेगा मगर बाद में इसकी

स्पष्टता आपको जरूर मिलेगी।

जब आपने स्कूल में जाना शुरू किया था तब आप कितने समर्पित हुए थे। आप पूरा साल स्कूल जाते रहे और जो छुट्टियाँ बताई गईं, आप उतनी ही छुट्टियाँ लेते थे। कभी-कभी तो त्योहारों के दिन पर भी छुट्टी नहीं होती थी तो घरवाले बोलते थे, 'अरे! होली के दिन, रक्षाबंधन के दिन भी छुट्टी नहीं, कैसा है तुम्हारा स्कूल?' मगर आप समर्पित थे इसलिए सोचते 'छुट्टी दे या न दे, स्कूल तो जाना ही है।' बड़े होने के बाद आपको यह समझ में आता है कि 'अच्छा हुआ, जो माता-पिता ने हमारे भीतर अच्छी आदतें विकसित की हैं। उन्हीं के चलते आज हम स्वस्थ रहते हैं।' अतः आज आप खुशी और धन्यवाद के भाव के साथ अपने माता-पिता को याद करते हैं।

ठीक वैसे ही शिष्य जब भक्त बनता है तो वह अपने गुरु को याद करता है कि 'अच्छा हुआ हमें अनुशासन में रखा गया।' तात्पर्य- मूल उद्‌देश्य समझ में आने पर गुरु का महत्त्व ज्ञात होता है।

गुरु आपको बहानों में बहने से बचाते हैं। अगर आपने किसी कार्य को न करने के 101 बहाने दिए तो गुरु आपके सारे बहाने प्रकाश में लाते हैं। बहानों के प्रकाश में आते ही आप सजग हो जाते हैं। सजगता से जब आप उसी कार्य को देखते हैं तब समझ में आता है कि बहानों के बावजूद कार्य करना संभव था। इसी क्रियावी कार्य के लिए गुरु भक्ति का महत्त्व है। यही भक्ति आपकी सभी वृत्तियाँ तोड़ सकती है।

अध्याय 15
भक्ति सूत्र
विरोधाभासी पंक्तियाँ

भक्ति में मन निर्मल, अकंप और प्रेममयी बन जाता है इसीलिए आपको भक्ति बढ़ाने के लिए काम करना है। विश्वभर के महान संतों, दार्शनिकों द्वारा अध्यात्म की गूढ़ बातों को समझाने के लिए अलग-अलग कहावतों, उक्तियों, दोहों आदि का निर्माण किया गया, जिन पर गहरा मनन करने पर हमें उनके भीतर छिपा हुआ रहस्य समझ में आता है। इस प्रकार ज्ञान को पंक्तियों, अभंगों, दोहों या भजनों में पिरोने से यह फायदा हुआ कि इन्होंने पीढ़ी दर पीढ़ी आध्यात्मिक मार्ग पर चल रहे लोगों का मार्गदर्शन किया। इनमें से कुछ विरोधाभासी अर्थात तर्क असंगत पंक्तियाँ हैं, जो अपने अंदर गहरी बातें समेटे हुए हैं। ऊपरी तौर पर सुनने या पढ़ने पर ज्यादातर लोगों को ऐसी पंक्तियाँ सही नहीं लगतीं इसलिए यदि आप गहराई से उनका अर्थ समझने की कोशिश करेंगे तभी आपको उनका मर्म (उद्‌देश्य) पता चलेगा। आइए, ऐसी ही कुछ विरोधाभासी पक्तियों का मर्म समझने का प्रयास करते हैं।

पहली विरोधाभासी पंक्ति (सूत्र)

'बाँझ स्त्री का बेटा कलेक्टर बन सकता है लेकिन बिना भक्त बने प्रभु नहीं मिल सकता।'

स्वयं को ज्ञानी समझनेवाला इंसान जब यह पंक्ति सुनेगा तो उसके मन में अनेक तर्क उठेंगे कि 'यह कैसे संभव है? आखिर बाँझ स्त्री का बेटा कलेक्टर कैसे बन सकता है? यह तो संभव ही नहीं है। क्या ऐसी स्त्री को बेटा होगा? और यदि बेटा होगा तो वह बाँझ कैसे हुई?' ऐसी पंक्तियाँ कुछ विशेष लोगों को सीख देने के लिए ही बनाई जाती हैं। इस पंक्ति के माध्यम से यह बताया गया कि बाँझ स्त्री को बेटा होने जैसी असंभव बात फिर भी शायद कभी संभव हो जाए मगर बिना भक्त बने ईश्वर प्राप्ति असंभव ही असंभव है। दरअसल ईश्वर प्राप्ति के लिए भक्ति की अति महत्ता पर बल देने के लिए ही उसकी एक असंभव चीज से तुलना की गई है ताकि ईश्वर प्राप्ति का प्रयास कर रहे खोजी भक्ति का महत्त्व समझें और उस पर ध्यान दें। अब यहाँ यह समझने की जरूरत है कि यह बात किन लोगों के लिए कही गई। दरअसल यह पंक्ति स्वयं को ज्ञानी समझनेवाले लोगों के लिए कही गई है, जो अपने ज्ञान के अहंकार में भक्ति को तुच्छ समझते हैं।

इस विरोधाभासी पंक्ति में ऐसे ज्ञानी लोगों को आगाह करने और उन्हें सावधानी का विचार देने का प्रयास किया गया है कि 'यदि आप भक्त नहीं बने हैं तो यह न सोचें कि आप अपने ज्ञान से या जो कुछ आपने सीखा है, उससे उच्च स्तर तक पहुँच सकते हैं...बिना भक्त बने ज्ञानीजन भी प्रभु को नहीं पा सकते।' आइए, इस बात को एक उदाहरण से समझें।

> एक इंसान को ज्ञान से बहुत प्रेरणा मिलती थी। कई जगहों पर भटकने के बाद वह एक सत्संग में गया। वहाँ उसे हर बार नई-नई बातें सुनने को मिल रही थीं, जिनका उस पर गहरा प्रभाव पड़ रहा था। साथ ही उसे यह भी महसूस हो रहा था कि 'ऐसी बातें तो मैंने पहले कभी नहीं सुनी थीं।' उस सत्संग में उसे बहुत अच्छा लग रहा था। लेकिन कुछ समय के बाद वह उदास हो गया क्योंकि उसे लगता था कि 'इतना सुनने के बाद भी मेरे भीतर भक्ति जाग्रत नहीं हो रही है।' इस अज्ञान के चलते उसे यह विश्वास हो गया कि 'मैं भक्ति के लिए बना ही नहीं हूँ।'
>
> फिर उसने यह बात अपने गुरुजी को बताई। उन्होंने उसे समझाते

हुए कहा, 'तुम्हें भक्ति दी जा रही है तो उसे एक बार लेकर तो देखो। यदि पसंद आए तो अपने पास रखना वरना छोड़ देना।'

इस उदाहरण से समझें कि तर्क से चलनेवाले बुद्धिमानी लोगों को उन्हीं के तर्क से समझाना पड़ता है। हालाँकि गुरुजी के समझाने के बावजूद वह इंसान अपने तर्क पर अड़ा रहा। उसका तर्क इतना मजबूत था कि कुछ दिनों बाद उसने सत्संग में जाना ही बंद कर दिया।

इस तरह के लोगों को तथाकथित ज्ञानी कहा जाता है। ऐसे लोग खुद को परम ज्ञानी समझते हैं इसलिए हमेशा ज्ञान की बातों में ही उलझे रहते हैं। साथ ही दूसरों को ज्ञान की बातें सुना-सुनाकर प्रशंसा हासिल करते रहते हैं। परिणामतः वे प्रशंसा और मान-सम्मान से घिरकर धीरे-धीरे अहंकारी होने लगते हैं। ऐसे में उन्हें यह पता भी नहीं चल पाता कि कब उनमें अहंकार जग गया। अहंकार के चलते वे ऐसा मानते हैं कि 'मेरे आस-पास के लोगों के मुकाबले सबसे ज्यादा ज्ञान मेरे ही पास है।...मैं अपनी बातों से सबको घुमा सकता हूँ।' इस अज्ञान में वे सत्य का श्रवण करना बंद कर देते हैं। इस परिस्थिति में उनके पास ऐसा कोई इंसान नहीं होता, जो उन्हें उनके अज्ञान का दर्शन करवाए। इसलिए उन्हें कभी पता ही नहीं चलता कि वे कितने अज्ञान में हैं। अंततः उनका भक्तिरहित ज्ञान, ईश्वर प्राप्ति का नहीं बल्कि उनके पतन का कारण बनता है।

तेज अज्ञानी बनें

यह बात सही है कि ज्ञानी लोगों के जीवन में उनके ज्ञान के कारण कई सारी समस्याएँ समय से सुलझ जाती हैं। साथ ही दूसरे लोगों को भी उनकी सलाह से काफी फायदा मिलता है, इसलिए ज्ञानी होना कोई बुरी बात नहीं है बल्कि अच्छी बात है। विरोधाभासी पंक्ति में यह नहीं कहा जा रहा है कि ज्ञानी न बने। उसमें बस यही समझाने का प्रयास किया जा रहा है कि 'ज्ञानी लोग मात्र ज्ञानी बनकर न रह जाएँ। अहंकारवश कहीं वे अपनी यात्रा में रुक न जाएँ। ऐसा न हो कि भक्ति के अभाव में उनकी यात्रा मंजिल (प्रभु प्राप्ति) तक पहुँचे ही

नहीं।' बताने का तात्पर्य– ये लोग बैड (BAD - तम, रज, विकार, दुर्गुण) से गुड (GOOD) अवस्था (सत्वगुण) पर आ जाते हैं लेकिन GOOD से GOD (तर्क–अतर्क, ज्ञान–अज्ञान से परे की अवस्था) पर नहीं जा पाते। इसका अर्थ यही होता है कि वे अपनी प्रभु प्राप्ति की यात्रा में रुक गए हैं।

कुछ लोग रेकी मास्टर या फेंगशुई मास्टर होते हैं। वे अपने आरोग्य बल से लोगों की समस्याएँ हल कर देते हैं। ऐसे में उन्हें लगता है कि जब ज्ञान से ही जीवन इतना आसान और बेहतर हो गया है तो अब भक्ति की क्या आवश्यकता है? दरअसल यह उनकी गलतफहमी होती है, जो आगे जाकर उनके जीवन में बाधा उत्पन्न कर देती है। यहाँ पर यह भी मनन करने योग्य बात है कि जब जीवन में सब कुछ मनचाहा और बढ़िया चल रहा होता है तो अंदर से भक्ति की उत्कंठा नहीं होती। इसीलिए अनेक संतों ने ईश्वर से सुख के लिए नहीं बल्कि दुःख के लिए प्रार्थनाएँ की हैं जिससे उनकी भक्ति, उनकी प्रभु प्राप्ति के लिए तड़प बनी रहें, सुखों में खोकर कहीं वे अपना मूल लक्ष्य भूल न जाएँ।

ज्ञानी इंसान के अहंकार में फँसे रहने का यह भी एक कारण होता है कि कोई उसे उसकी गलतियाँ नहीं दिखाता, उसके अहंकार का दर्शन नहीं करवाता इसलिए उसके भीतर अपने ज्ञानी होने का वहम बना रहता है। ऐसे में सिर्फ भक्ति ही उसे अहंकारी वृत्ति से बचा सकती है क्योंकि भक्ति में इंसान को यह समझ मिल जाती है कि भक्ति में भक्त को जो भी लाभ मिलता है, वह ज्ञानी को कभी नहीं मिलता।

उदाहरण के लिए – एक माँ के दो बेटे हैं, एक बड़ा, दूसरा छोटा। दोनों बेटों को अपने विकारों से लड़ना पड़ता है। बड़ा बेटा ज्ञानी इंसान का प्रतीक है और छोटा समर्पित इंसान का। बड़े बेटे से माँ कहती है कि 'तुम खुद कमाकर खाओ।' लेकिन छोटे बेटे को हमेशा माँ का सहयोग मिलता है।

बुद्धिमान या ज्ञानी लोगों के साथ अकसर यही होता है कि वे अपने मस्तिष्क से सोचते हैं। अपनी बुद्धि से तर्कसंगत निर्णय लेते हैं। वे मस्तिष्क से नीचे उतरकर हृदय यानी तेजस्थान (ईश्वर या सेल्फ का निवास स्थान) की नहीं सुन पाते। क्योंकि वहाँ से मिल रहे जवाब तर्क असंगत होते हैं, जिन्हें बुद्धिमानी

की बुद्धि आसानी से स्वीकार नहीं कर पाती। तेजस्थान से आ रहे जवाबों को सुनने और मानने के लिए बुद्धि को चुप होकर, अपने तर्कों को बाजू में रखकर समर्पित होना पड़ता है। इसीलिए माँ (सेल्फ) बड़े बेटे के बजाय छोटे बेटे को सहयोग करती है, सही राह दिखाती है क्योंकि वह समर्पित है।

सिर्फ कद या उम्र से छोटे होने से इंसान वास्तव में छोटा नहीं हो जाता है। जो इंसान समझ के साथ भक्ति में समर्पित हो जाता है, उसे माँ यानी सेल्फ का सहयोग मिलता है, साथ ही गुरु के ज्ञान का लाभ भी मिलता है। बड़े बेटे को यह लाभ नहीं मिलता क्योंकि वह खुद को बड़ा यानी ज्ञानी समझता है। इस तरह वह अपने अज्ञान में उलझकर अपने अहंकार को बढ़ावा देता रहता है। वास्तव में सच्चा ज्ञानी तो वही होता है, जो कहता है कि 'मैं छोटा हो गया हूँ।'

बड़ा होकर भी छोटा बनने को ज्ञान कहते हैं। ज्ञान मिलने के बाद भी भक्ति की याचना करने को तेजज्ञान कहते हैं। यदि देखा जाए तो बड़ा होकर कोई भी छोटा बनने के बारे में नहीं सोचता। तार्किक तौर पर बड़ा होकर इंसान और बड़ा बनना चाहता है इसलिए फिर से छोटा बनना यानी समर्पित होना उसे तार्किक नहीं लगता। सच्चा ज्ञान मिलने पर इंसान को अज्ञानी बनने का महत्त्व समझ में आता है क्योंकि अज्ञानी बनने पर (ज्ञान का अहंकार छोड़ने पर) ही भक्ति जगती है। ऐसे में इंसान कहने लगता है कि 'अब हम अज्ञानी ही रहेंगे, तेज अज्ञानी बनेंगे।' अर्थात भक्ति जगने पर ही इंसान में तेज अज्ञानी बनने की इच्छा पैदा होती है।

दूसरी विरोधाभासी पंक्ति (सूत्र)

संत तुलसीदास कहते हैं कि 'वही स्त्री पुत्रवती कही जा सकती है, जिसका पुत्र भक्त हो।' इस एक पंक्ति के माध्यम से एक बड़ी गहरी ज्ञान की बात को संक्षिप्त में कहा गया है। यह लोगों तक ज्ञान पहुँचाने का एक तरीका है। दरअसल समय बीतने के साथ ज्ञान की बड़ी-बड़ी व्याख्याएँ खो जाती हैं इसीलिए ज्ञान देनेवालों ने दोहों, कहावतों, कहानियों, मूर्तियों के द्वारा ज्ञान दिया। उन्होंने बड़े-बड़े संदेशों को एक संक्षिप्त प्रारूप में गढ़कर अपनी बात कही, जिन पर मनन करके समझा जा सकता है।

आइए, अब दूसरी विरोधाभासी पंक्ति का अर्थ समझें। असल में बेटा तो तभी भक्त बनेगा जब माँ में भी भक्ति जाग्रत होगी और उसके द्वारा भक्ति की अभिव्यक्ति होगी। यूँ ही कोई बेटा भक्त नहीं बन सकता। कहने का अर्थ है कि यदि जीज़स को पैदा करना है तो माँ को भी मदर मेरी होना पड़ेगा। इसी तरह श्रीकृष्ण को पैदा करना है तो माँ को भी देवकी और यशोदा होना पड़ेगा। इस छोटी सी पंक्ति से यह इशारा किया जा रहा है कि बेटा भक्त बने, उसके लिए माँ को बहुत सारी तैयारी करनी होगी। दरअसल इस पंक्ति के जरिए अप्रत्यक्ष रूप से हर माँ को बताया जा रहा है कि 'बेटे से पहले तुम्हें खुद भक्त बनना होगा और भक्ति का महत्त्व समझना होगा।'

यदि किसी माँ को यह बात विस्तार से समझानी पड़े तो कहा जाएगा कि 'पहले तुम्हें भक्त बनना है, फिर तुम अपने आनेवाले बेटे को भक्त बना पाओगी।' इतना बड़ा वाक्य कहने की बजाय एक छोटी सी पंक्ति में कहा गया कि 'वही स्त्री पुत्रवती है, जिसका बेटा भक्त है।' अपनी बात बताने के लिए लोग अलग-अलग तरीके इस्तेमाल करते हैं। शादी के बाद हर स्त्री पुत्रवती होना चाहती है मगर उसके पहले उसे किस तरह की तैयारी करनी चाहिए, यह संदेश तुलसीदासजी ने इस पंक्ति में बताया है।

यदि आप अपने जीवन में भक्ति की ये दो विरोधाभासी पंक्तियाँ अमल में लाते हैं तो आपके अंदर आसानी से भक्ति जाग्रत हो सकती है।

खंड ३

बुलंद भक्ति में परीक्षा और शक्ति संतुलन

क्या संसार में रहते हुए भक्ति की ऊँचाई तक पहुँचना संभव है?

खाइयाँ वहीं होती है, जहाँ ऊँचाईयाँ होती हैं। ठीक इसी तरह इस संसार में ही खाइयाँ निर्माण की गई हैं, ताकि उन्हें देखकर इनसान ऊँचाइयाँ प्राप्त कर सके। संसार एक क्लासरूम की तरह है, जिसमें आपको भक्ति का प्रयोग करना है। ऊँचाइयों को प्राप्त करने के लिए आप संसार में सत्यसेवा के सुरक्षित वातावरण में जाते हैं। किसी भी वैज्ञानिक प्रयोग करने के लिए आपको लैबोरेटरी में जाना होता है। उसी तरह भक्ति का प्रयोग करने के लिए आपको सेवा की लैबोरेटरी में जाना होगा, वहाँ कुछ प्रयोग होंगे, तब आप ऊँचाइयों को समझ पाएँगे और उन तक पहुँच पाएँगे। इसलिए यह कहना गलत न होगा कि भक्ति की ऊँचाइयों को पाने के लिए संसार ही उच्चतम मार्ग है।

अध्याय 16

बलि भक्ति

तेजस्थान का पहरेदार कौन

किसी भी शिक्षाप्रद कथा या कहानी में घटनाओं और चरित्रों के प्रतिसाद के माध्यम से कोई न कोई विशेष सीख दी जाती है। लोग उसे पढ़कर, सुनकर यह सीखते हैं कि यदि उनके जीवन में ऐसी परिस्थिति आए तो उन्हें क्या करना चाहिए। रामायण और महाभारत की कथाएँ इसका श्रेष्ठ उदाहरण है, सदियों से लोग इन ग्रंथों से मूल्यवान सीख लेते आ रहे हैं। ऐसी शिक्षाप्रद कथाओं द्वारा बार-बार एक ही बात पर जोर दिया जाता है कि लोगों की गलत वृत्तियाँ टूटें, गलत दृष्टिकोण बदलें क्योंकि ये दोनों ही मूल रूप से दुःख का कारण हैं।

इसी तरह आत्मसाक्षात्कारी संतों ने भक्ति का रहस्य समझाने के लिए भी बहुत सी कथा-कहानियाँ बताईं, जिनके द्वारा ईश्वर प्राप्ति के लिए भक्ति के महत्त्व पर प्रकाश डाला गया है। साथ ही यह सीख दी गई है कि 'यदि तुम भक्त बन जाओगे तो सभी दुःखों से मुक्त हो जाओगे।' सच्ची भक्ति समझ के साथ ही प्राप्त होती है। हालाँकि अंध भक्ति के भी अपने लाभ होते हैं मगर जिस उद्‌देश्य के लिए भक्ति का महत्त्व बताया गया और भक्त की सुविधा के लिए इतनी सारी मूर्तियों का आविष्कार हुआ, उसमें वह प्राप्त नहीं हो पाता। जब सच्ची भक्ति जाग्रत होती है तब इंसान अपने भीतर ही ईश्वर को पहचान लेता है।

वैसे देखा जाए तो साधारणतया लोग ईश्वर को उसके सच्चे स्वरूप में नहीं जानना चाहते हैं बल्कि उससे ऊपरी तौर पर अपनी सांसारिक इच्छाओं की पूर्ति के लिए मन्नतें माँगते रहते हैं। वे ईश्वर भक्ति में फरियाद भी करते हैं, आँसू भी बहाते हैं मगर वे आँसू ईश्वर प्रेम में नहीं बल्कि इच्छापूर्ति न होने के दुःख में बहते हैं। वे इसी तरह आजीवन सुख-दुःख के चक्र में फँसे रहते हैं और एक दिन संसार से चले जाते हैं। इस तरह की भक्ति को भक्ति नहीं कहा जा सकता क्योंकि इसमें भक्ति का मूल लक्ष्य 'आत्मसाक्षात्कार' तो प्राप्त ही नहीं हो रहा है।

असली भक्ति वह है, जो भक्त प्रह्लाद जैसे भक्तों द्वारा हुई। इसलिए जब भी भक्ति की बात आती है तो भक्त प्रह्लाद का नाम जरूर आता है। वे ऐसे भक्त थे, जो राक्षस कुल में पैदा हुए और राक्षसों के बीच पले-बढ़े फिर भी वे भक्त बने। वे बचपन में ही नारद मुनी के संपर्क में आ गए थे और उन्हीं की बातों से उनके मन में ईश्वर के प्रति सच्चा प्रेम और भक्ति जाग्रत हुई। आगे चलकर उन्हीं के वंश में राजा बलि का जन्म हुआ था जो अपनी दानवीरता के लिए प्रसिद्ध हुए। राजा बलि और वामन अवतार की प्रसिद्ध पौराणिक कथा में राजा बलि की दानवीरता को दिखाया गया है, यह तो आप सभी जानते हैं। मगर इस कहानी का गहरा अर्थ अब तक लोगों को समझ में नहीं आया क्योंकि उसकी कहीं पर भी चर्चा नहीं हुई। इस कहानी में छिपा भक्ति का असली संदेश आपके सामने रखा जा रहा है, उस पर अवश्य मनन करें।

राजा बलि ने राक्षस कुल में जन्म लिया था। वे अपनी दानवीरता के लिए प्रसिद्ध थे उन पर राक्षसी वृत्ति का भी असर हुआ। राक्षसी वृत्ति यानी जो दूसरों को दुःख देकर सुख अनुभव करती है। राक्षसों को असुर भी कहा जाता है। असुर यानी जहाँ पर सुर नहीं है, जहाँ सुर और लय का ताल-मेल बिगड़ गया है। लेकिन राजा बलि के अंदर असुर से सुर बनने का अभ्यास चल रहा था।

उन्होंने अपने लिए एक नियम बनाया था कि हर दिन सुबह-सुबह राजमहल के दरवाजे पर जो भी भिक्षा या दान माँगने आता था, उसे वे उसके मन का सब देते थे। इस नियम के पालन के

साथ-साथ वे प्रार्थनाएँ भी करते थे मगर अहंकार की वजह से उनके द्वारा कुछ गलत कार्य भी हो रहे थे।

आज आप समाज में ऐसे लोग देखेंगे, जो नियमित पूजा-अर्चना करते हैं मगर इसके साथ ही उनसे कुछ गलत कार्य भी होते हैं। आम तौर पर ऐसे लोगों को सभ्य नहीं माना जाता। वे चाहे कितनी भी प्रार्थनाएँ करें लेकिन जब तक उनकी प्रार्थनाओं में बल नहीं आएगा तब तक वे ईश्वर के संपर्क में नहीं आ पाएँगे। जब प्रार्थना में बल आता है तभी उसका परिणाम जीवन में दिखाई देता है।

राजा बलि निरंतर प्रार्थना तो कर रहे थे लेकिन उसमें बल नहीं था। जब राजा बलि की प्रार्थना में बल आया तो भगवान विष्णु स्वयं वामन (ब्राह्मण बालक) के रूप में अवतार लेकर उनके सामने याचक बनकर आ गए। वामन अवतार में भगवान विष्णु एक ऐसे बालक थे, जिसकी बावन उँगलियाँ थीं।

जब राजा बलि ने देखा कि यज्ञशाला में एक ब्राह्मण बालक आया है तो वे पहले उसके पास गए और बोले, 'मैं आपको यहाँ देखकर बहुत खुश हूँ, कृपया मुझे बताएँ कि आप क्या याचना लेकर आए हैं? आपको क्या चाहिए?' बालक ने उत्तर दिया, 'महाराज, पहले मुझे वचन दें कि मैं जो माँगूँगा, आप मुझे वह देंगे।' राजा बलि ने सोचा कि एक बालक ज्यादा से ज्यादा क्या माँगेगा इसलिए उन्होंने अधिक विचार किए बिना बालक को वचन दे दिया।

फिर बालक रूपी वामन अवतार ने कहा कि 'मुझे केवल तीन पग जमीन चाहिए।' इस पर राजा ने हँसकर कहा, 'हे बालक, आप इतना कम क्यों माँग रहे हैं, तीन पग जमीन से आपका क्या होगा? मैं आपको फलाँ गाँव दे देता हूँ... इससे भी अधिक दे सकता हूँ।' दरअसल राजा का अनुमान था कि एक बालक के तीन कदम कितने होंगे। बालक ने उन्हें याद दिलाया कि 'महाराज, आपने

वचन दिया है इसलिए मैंने जितना माँगा है, आपको उतना ही देना होगा।'

आखिरकार राजा ने अपना वचन पूर्ण करने के लिए पहले शुद्ध जल से उस बालक के पैर धोए और फिर तीन पग जमीन नापने के लिए कहा। देखते ही देखते बालक ने अपना विराट रूप धारण किया। राजा और वहाँ उपस्थित अन्य लोग आश्चर्यचकित रह गए। पहले पग में उस बालक ने संपूर्ण पृथ्वी यानी भूलोक और दूसरे पग में आकाश नाप लिया। अब तीसरा कदम रखने के लिए जगह ही नहीं बची तो उसने राजा से पूछा, 'तीसरा कदम कहाँ पर रखूँ?'

अब राजा बलि और उनकी पत्नी, दोनों विचार-विमर्श करने लगे कि तीसरे कदम के लिए बालक को कौन सी जगह दी जा सकती है? सोच-विचार करने के बाद राजा बलि ने कहा, 'हे महान बालक, मेरा शरीर भी पंचतत्त्वों से बना हुआ है, यह भी मिट्टी ही है, अतः इसे ही पृथ्वी समझकर आप तीसरा कदम मेरे सिर के ऊपर रख सकते हैं।' यह कहकर राजा बली बालक के सामने घुटनों पर बैठ गए, जैसे ही बालक ने उनके सिर पर अपना तीसरा कदम रखा, राजा बलि तुरंत पाताल में पहुँच गए।

कहानी का आंतरिक अर्थ

अब तक की कहानी पढ़कर आपको यह समझ में आया होगा कि भगवान विष्णु ने राजा बलि के दानी होने का अहंकार तोड़ा और उन्हें पाताल भेज दिया। लेकिन यह कहानी इससे अधिक गहरा संदेश दे रही है। जब भी कोई किसी के सामने झुकता है तो इसका अर्थ है कि उसका अहंकार झुक रहा है। ऐसे में जब किसी के सिर पर हाथ रखा जाता है तो वह उसे पाताल यानी हृदय में पहुँचाने के लिए रखा जाता है। इसके पीछे यही उद्देश्य होता है कि इंसान अधिक समय तक अपने हृदय (तेजस्थान) पर रहे लेकिन वह ऐसा नहीं कर पाता और बारम्बार हृदय से निकलकर वापस सिर में यानी बुद्धि विलास (मन) में आ जाता है। सिर पर ईश्वर का हाथ होने के बावजूद भी वह अपने तेजस्थान

पर टिक नहीं पाता और वापस विचारों में ही उलझ जाता है। अब देखते हैं कि कहानी में आगे क्या हुआ।

> राजा बलि से खुश होकर ईश्वर ने उनसे कहा, 'तुमने मेरी इच्छा पूर्ण की है। अब तुम जो चाहे माँग सकते हो।' इस पर राजा बलि ने कहा, 'आपने मुझे पाताल में भेजा, अब मैं वहाँ राज करूँगा लेकिन आपको वहाँ का पहरेदार बनना होगा।'

इस प्रकरण में कितनी गहरी बात कही गई है। अकसर ऐसा होता है कि कोई इंसान अपने तेजस्थान पर तो पहुँच जाता है पर कुछ समय बाद वह फिर से अपने सिर (बुद्धि) में आ जाता है। कारण वहाँ पर कोई पहरेदार ही नहीं होता, जो उसे वापस सिर में जाने से रोककर, सजग कर पाए कि 'यदि तुम सिर में जा रहे हो तो तुम अपना वचन तोड़ रहे हो। तुमने अपने विचारों की जमीन का और तोलू मन का दान कर दिया है। अब फिर से उसमें उलझने की आवश्यकता नहीं है।'

इसलिए कहानी में राजा बलि ने स्वयं नारायण यानी ईश्वर को ही पहरेदार बनने के लिए कहकर बहुत समझदारीवाली बात की। आप इसे अपनी ही कहानी समझकर, इसके आंतरिक अर्थ पर मनन कर, कहानी का पूरा लाभ ले सकते हैं। कहानी का मर्म कहता है, अगर ईश्वर को ही चौकीदार रखा जाए तो सिर से हृदय पर आने के बाद, फिर से सिर में उलझने की संभावना खत्म हो जाती है। इस कहानी में आगे और भी कई गहरे संकेत दिए गए हैं।

एक के कार्य का असर दूसरे पर

कहानी में बताया गया कि राजा बलि की प्रार्थना में बल आने पर ही ईश्वर उसके सामने प्रकट हुए। विश्व में कई लोग प्रार्थनाएँ कर रहे हैं तो आप स्वयं से पूछें कि 'मेरी प्रार्थना में कितना बल आया है? मैं कितना बल चाहता हूँ? क्या अब भी मुझे वही सब करना अच्छा लगता है, जिससे मेरे अहंकार को पुष्टि और ताकत मिलती है?' विश्व में कितने सारे लोग हैं और सभी अलग-अलग क्षेत्र में अलग-अलग प्रकार के काम कर रहे हैं। जैसे कोई ऑफिस में... तो कोई घर में... कोई लीडर बना है... तो कोई मजदूरी कर रहा

है...। इस प्रकार हरेक की कर्मभूमि अलग-अलग है।

हरेक को एक-एक क्षेत्र दे दिया गया है। अपने क्षेत्र में जब आप असली बात भूल जाते हैं कि 'कर्ता आप नहीं बल्कि ईश्वर है' तो फिर अहंकार का खेल शुरू होता है। इस वजह से आपके साथ कार्य करनेवाले लोगों का भी नुकसान होता है। आप अपने अहंकार को बढ़ावा देते हैं तो आपकी देखा-देखी आपके सहकर्मी भी वैसा ही करने लगते हैं ताकि उनके अपने अहंकार को बढ़ावा मिल सके। इसका अर्थ है कि आपकी एक गलत आदत, किसी न किसी तरह से कई लोगों पर नकारात्मक असर डालती है, काम कर रही होती है। वे भी अपना भला-बुरा नहीं समझ पाते। इसी प्रकार राजा बलि को भी पता नहीं था कि उनके साथ कितने सारे लोगों का नुकसान हो रहा था। हालाँकि वे सभी का भला ही चाहते थे लेकिन उसके राक्षसी प्रवृत्ति के पूर्वजों के असर की वजह से कुछ ऐसी बातें हुईं, जिससे लोगों का नुकसान हो रहा था। मगर जैसे ही उनकी प्रार्थना में बल आया तो ईश्वर भी प्रकट हो गया। ईश्वर के आशीर्वाद से राजा बलि पाताल के राजा भी बन गए। उन्होंने ईश्वर को पाताल का पहरेदार भी बना दिया। अब आगे जानें कि यह कहानी कैसे एक नया मोड़ लेती है।

माया में फिर से उलझना

पहरेदार का कार्य करने के कारण जब भगवान विष्णु घर वापस नहीं आए तो लक्ष्मीजी के साथ-साथ सभी देवी-देवता परेशान हो गए। फिर सभी ने नारद मुनि के साथ मिलकर इस पर विचार-विमर्श किया कि भगवान को पाताल से छुड़ाकर वापस कैसे लाया जाए।

आखिर में सभी ने लक्ष्मीजी से कहा, 'आप ही भगवान विष्णु को घर ला सकती हैं।' लक्ष्मीजी को पता था कि राजा बलि दानवीर हैं इसलिए वे अपना वेश बदलकर उनके पास दान माँगने पहुँच गईं। राजा के सामने जाकर उन्होंने माँग की, 'आप मुझे अपनी बहन बना लें।' राजा बलि माता लक्ष्मी को उस रूप में पहचान नहीं पाए इसलिए उन्होंने तुरंत लक्ष्मीजी को अपनी बहन बना लिया। जब रक्षाबंधन का दिन आया तो लक्ष्मीजी ने राजा बलि को राखी बाँधी।

अब बहन को कुछ देना ही होता है तो राजा ने उनसे उपहार में कुछ माँगने के लिए कहा। लक्ष्मी ने बिना किसी झिझक के राजा से कहा, 'भाई, आप अपना पहरेदार मुझे दे दो।'

कहानी में लक्ष्मीजी ने वर माँग लिया और राजा बलि को न चाहते हुए भी पहरेदार बने भगवान विष्णु को देवी लक्ष्मी को सौंपना पड़ा। कहानी के इस प्रकरण में यह बात समझाई जा रही है कि ईश्वर मिलने के बाद भी इंसान वापस कैसे माया (लक्ष्मी) में उलझकर सत्य को खो देता है इसलिए सत्य में पूर्णतया स्थापित होना अति आवश्यक है। केवल सत्य का साक्षात्कार होना काफी नहीं है, उसके बाद भी काम होना जरूरी है। आपमें इतनी भक्ति और समझ होनी चाहिए कि आप माया के प्रलोभनों को समझकर उन्हें नकार सकें। राजा बलि की थोड़ी सी असजगता लक्ष्मी (माया) को पहचान नहीं पाई। फलस्वरूप वह राजा बलि के हृदय के पहरेदार यानी सत्य, सेल्फ, स्वअनुभव को छल से अपने साथ ले गई।

इस कहानी से प्रेरणा लेकर आप स्वयं से पूछें कि 'मैं कब-कब माया को बहन बनाता हूँ?' माया को बहन बनाने से पहले सजगता बढ़नी चाहिए वरना कई महान और दानी लोग केवल सही पहचान न होने के कारण अपने वचनों और प्रतिज्ञाओं में फँसकर, जीवनभर झूठ का साथ देते रहे। आत्मसाक्षात्कार होने और सत्य में स्थापित होने से पहले भक्त के लिए क्या खतरे होते हैं और अगर पहचान नहीं हुई तो क्या नुकसान हो सकता है, ये सारे संकेत इस कहानी द्वारा आपको दिए गए हैं।

अध्याय 17

बुलंद भक्ति

तेरी रज़ा क्या है

'खुदा को कर बुलंद इतना कि तकदीर लिखवाने से पहले,

खुदी तू खुदा से पूछे, बता तेरी रज़ा क्या है?'

वास्तव में उपरोक्त वाक्य (शेर) कुछ इस तरह से है कि 'खुदी को कर बुलंद इतना कि हर तकदीर लिखने से पहले खुदा बंदे से खुद पूछे, बता तेरी रज़ा क्या है?'

यह प्रसिद्ध शेर व्यक्ति (नकली मैं) के दृष्टिकोण से लिखा गया है, जिसमें मानवीय गुणों जैसे साहस, कर्मठता, संकल्प शक्ति, संघर्ष शक्ति आदि को इतना बुलंद करने की बात कही गई है, जिनके दम पर वह जीवन में जो चाहे पा सके और ईश्वर को उसकी हर इच्छा माननी पड़े। लेकिन यदि इस शेर को व्यक्ति नहीं बल्कि एक सच्चे भक्त के दृष्टिकोण से देखें तो यह भक्त की ईश्वर के प्रति समर्पण की भावना दर्शाती है क्योंकि भक्त की रज़ा तो खुदा की रज़ा में ही होती है। इसलिए इसके कुछ शब्द बदलकर उपरोक्त नई पंक्ति कही गई है।

अगर हम इस नए विचार की गहराई में जाएँगे तो देखेंगे कि इसमें सच्ची भक्ति का रहस्य प्रकट हो रहा है। पंक्ति में 'खुदी' और 'खुदा', ये दो शब्द आए

हैं, जिसमें पहले का अर्थ है व्यक्ति (नकली मैं, अहंकार) और दूसरे का अर्थ है ईश्वर (सेल्फ, स्वअनुभव)। जब इस शरीर में रहनेवाला ईश्वर अपने आपको व्यक्ति (नकली मैं यानी शरीर को ही मैं) मानकर जीने लगता है और व्यक्ति ही बनकर सोचने लगता है, तब वह अपने लिए नर्क यानी सुख-दुःख का दुष्चक्र तैयार करता है। लेकिन सत्य की प्यास जगने पर और हृदय से निकली प्रार्थनाओं की वजह से उसके जीवन में एक ऐसा आयाम आता है, जिससे वह भक्ति पथ पर चलना शुरू कर देता है और अंततः भक्ति रहस्य को जानने का पात्र बन जाता है।

'खुदा को कर बुलंद इतना...' यह सुनकर सवाल उठता है कि क्या खुदा बुलंद नहीं है? खुदा तो पहले से ही बुलंद है, उसकी बुलंदी की वजह से ही तो संसार बना है। ईश्वर अपनी बुलंदी अर्थात सृजन की चरम सीमा पर पहुँचा तभी तो संसार का निर्माण हुआ इसलिए जो पहले से ही बुलंद है, उसे पुनः बुलंद करने की क्या आवश्यकता? लेकिन असल में इस पंक्ति द्वारा इंसान से कहा जा रहा है कि 'अपने अंदर के खुदा को बुलंद करो...तुम्हारे अंदर जो राज सिंहासन है, उस पर खुदा को विराजमान करो, ईश्वर को बिठाओ और उसके सामने समर्पित हो जाओ।' यही बात समझाने के लिए हमारे पूर्वजों ने गणेशोत्सव या नवरात्री जैसे त्योहार बनाए हैं। जिसके पीछे मूल उद्देश्य था जब लोग प्रतीकात्मक रूप से ईश्वर को कुछ दिनों के लिए घर लाकर सिंहासन पर स्थापित करें और उसके सामने झुकें तो उनका अहंकार समर्पित हो। जब वे एक बार अपने अहंकार के झुकने का आनंद लेंगे तो बारम्बार झुक पाएँगे। मगर लोग इनके पीछे की असली समझ खोने के कारण नौ-दस दिनों तक श्री गणेश या माता की मूर्ति स्थापित करते हैं, फिर सभी विधि-विधान, कर्मकाण्ड पूरे कर उन्हें विसर्जित कर देते हैं। उन्हें मालूम ही नहीं होता कि ये कर्मकाण्ड तो मात्र प्रतीक है, जो हमें समर्पित होना सिखा रहे हैं। इसके विपरीत अधिकतर लोगों का सारा ध्यान इसी बात पर लगा होता है कि पूजा ठीक से हो रही है या नहीं... कहीं हमसे कोई गलती तो नहीं हो रही, जिससे गणपति या माँ नाराज न हो जाएँ... हमारा कुछ अहित न हो जाए। इसी नासमझी के कारण नौ-दस दिनों के लिए तो ठीक है मगर जीवनभर ईश्वर को सिंहासन पर बिठाना उन्हें असंभव और कठिन कार्य लगने लगता है।

कई बार लोगों के पास भक्ति न करने के पीछे कई सारे तार्किक कारण भी होते हैं। जैसे- 'अभी-अभी तो मैंने भक्ति के बारे में समझना शुरू किया है... इतने सारे काम भी करने पड़ते हैं तो फिर मेरे लिए यह कैसे संभव है...?' फिर भी गणेशोत्सव और नवरात्री जैसे त्योहारों के बहाने यह संभावना बनती है कि इंसान कम से कम दस दिनों तक तो ईश्वर को अपने सिंहासन (हृदयस्थान) पर बिठाकर, उसके सामने समर्पित हो पाए।

खैर, अब इन त्योहारों का असली उद्देश्य समझने के बाद आपको कम से कम इन नौ-दस दिनों में तो श्री गणेश और माता के सामने स्वयं को समर्पित करके, अपने भीतर की माता को, श्री गणेश को बुलंद करना चाहिए।

माता के जागरण में लोग पूरी रात जागकर भजन गाते हैं, नृत्य करते हैं। इससे लोगों का खूब मनोरंजन होता है। वास्तव में उस जागरण में आपको अपने भीतर के खुदा को जगाना होता है, उसे बुलंद करना होता है, जो कि नहीं हो पाता। 'खुदा को कर बुलंद इतना' यह कहने का अर्थ है कि ईश्वर और आपके बीच में जो परदा है, आप उसे हटा दें। अहंकार ही वह परदा है जिसे हटना है इसलिए अपने अंदर ईश्वर को इतना बुलंद करें कि ईश्वर ही उस शरीर द्वारा अपनी अभिव्यक्ति करने लगे। फिर इसके बीच में यदि नकली मैं (अहंकार) आए तो झुककर आए। जैसे, जब वीडियो रिकॉर्डिंग चल रही होती है और किसी को कैमरे के सामने से गुजरना हो तो वह झुककर जाता है। उसी तरह अहंकार को भी झुककर आना चाहिए ताकि उसके आने से ईश्वर दर्शन बंद न हो।

अहंकार झुक सके, इसके लिए उसे भक्ति मिलनी आवश्यक है। उस शरीर में जहाँ स्थिरता है या होना चाहती है या होने की शुभेच्छा है, वहाँ पर यदि व्यक्ति (अहंकार) आए भी तो भक्त बनकर आए क्योंकि भक्त कभी भी ईश्वर को तकलीफ नहीं देता। भक्त ने खुदा को इतनी बुलंदी पर बैठा दिया है कि अब वह कह सकता है कि 'बता तेरी रज़ा क्या है? अर्थात तुम्हारी इच्छा क्या है?' या यूँ भी कह सकता है, 'जो तुम्हें लगे अच्छा, वही मेरी इच्छा।' अतः उस खुदा में, जिसे ईश्वर, गॉड, स्वअनुभव या सेल्फ कहा गया है, आस्था रखकर ही भक्ति का रहस्य जाना जा सकता है। भक्ति में ही धीरे-धीरे ईश्वर के साथ पहचान बढ़ती है और एक दिन उसकी इच्छा हमारी इच्छा बन जाती है।

संसार में ईश्वर के कई सारे रूप और नाम प्रचलित हैं। हर रूप के अपने कुछ खास गुण, वेशभूषा आदि बनाए गए हैं। उन्हें प्रसन्न करने के लिए भी अलग-अलग मान्यताएँ प्रचलित हैं। मगर इतने सारे विभिन्न रूपों के कारण उस इंसान के मन में भ्रम की स्थिति पैदा हो जाती है, जिसमें अभी-अभी सत्य की प्यास जगी है। वह सोचता है कि 'इतने सारे ईश्वरों में से मैं किसमें निष्ठा रखूँ... कौन असली ईश्वर है ?'

अपनी निष्ठा और मान्यता के अनुसार लोग सोचते हैं कि 'फलाँ-फलाँ किस्म की वेशभूषा पहने हुए कोई आसमान में बैठा है, वही हमारा ईश्वर है, जो हमारे कर्मों एवं भाग्य का हिसाब-किताब रख रहा है। ऐसे में लोग उसे ही सर्वे सर्वा मानकर, उसकी पूजा-पाठ, कर्मकाण्ड द्वारा उसे प्रसन्न रखने में लग जाते हैं। ऐसा करने के पीछे लोगों का अज्ञान और ईश्वर के प्रति अंध श्रद्धा होती है। वे सोचते हैं, उनके हिसाब-किताब में गड़बड़ी होने के बावजूद भी उन पर सांसारिक कृपाएँ बरसती रहें और उन्हें उनके पापों की सजा न मिले। इस तरह लोग ईश्वर को न जानने के कारण धीरे-धीरे असली भक्ति से अंध भक्ति की ओर चले जाते हैं। इसलिए आवश्यकता है ईश्वर को सही अर्थ में समझकर, उसमें आस्था रखने की... उसके प्रति समर्पित होकर उसे बुलंद करने की, न कि अंध विश्वास में फँसकर स्वार्थी चापलूसी करने की।

किसकी आज्ञा का पालन करें

समझ के साथ भक्ति और गुरु की पहचान बढ़ने लगती है। पहचान गहरी होगी तो भक्ति भी गहरी होती जाएगी और आप सभी विकारों और वृत्तियों (पैटर्नस्) से मुक्त हो पाएँगे, अपनी बेहोशी को तोड़कर, मान्यताओं को हटा पाएँगे। फिर आप ईश्वर को अपने भीतर के सिंहासन पर विराजमान कर पाएँगे वरना अकसर लोग उस पर किसी और को विराजमान कर देते हैं।

यहाँ प्रश्न उठता है कि 'हम अपने सिंहासन पर किसे विराजमान करते हैं?' चाहे-अनचाहे अनेक प्रकार के लोग दूसरों की आज्ञा का पालन करते हैं। जैसे गुलाम अपने मालिक की, प्रेमी अपनी प्रेमिका की और सखा अपने मित्र की आज्ञा मानता है। लेकिन इन सबके मानने में बहुत बड़ा फर्क है। गुलाम अपनी मजबूरी को सामने रखते हुए आज्ञा का पालन करता है। लेकिन जो खुद

यह रहस्य जान गया कि 'मैं ही बाधा हूँ यानी नकली मैं, अहंकारी बनकर मैं जो जी रहा हूँ, वही सबसे बड़ी बाधा है' तो वह हर गुलामी से मुक्त होकर ईश्वर की आज्ञा मानने लगता है। भक्ति में यही रहस्य खुलता है।

जब तक यह बात समझ में नहीं आती कि हमें भक्ति मार्ग पर ही चलना है तब तक अगला कदम नहीं उठता। इसलिए आपमें यह दृढ़ता होनी बहुत आवश्यक है कि 'भक्ति मेरे लिए है, वह मेरी ही प्रार्थना का जवाब है।' फिर ही भक्ति का रहस्य खुल सकता है। अगर भक्ति की पहचान नहीं है और ऐसा लगता है कि 'भक्ति मेरे लिए नहीं बल्कि किसी और के लिए है' तो भक्ति नहीं खुलेगी। इस बात को एक उदाहरण द्वारा समझने का प्रयत्न करते हैं।

> होली के त्योहार में सभी बच्चे अपने-अपने मुहल्ले में रंग खेलते हैं। ऐसे में एक माँ अपने बच्चे को ढूँढ़ने निकलती है और मुहल्ले में आकर देखती है कि सभी बच्चों के चेहरे पर, कपड़ों पर ढेर सारा रंग लगा हुआ है। ऐसे में वह अपने बच्चे को पहचान नहीं पाती और अनजाने में किसी और बच्चे को अपना बच्चा समझकर घर ले आती है। ऐसे में जब माँ को अपनी भूल का एहसास होता है तो वह फिर से उस बच्चे को लेकर मुहल्ले में आती है और अपने बच्चे को ढूँढ़ने लगती है। अपने बच्चे के प्रति उसमें प्रेम और तड़प बढ़ती है इसलिए अब वह सही तरीका अपनाती है और तुरंत सभी बच्चों का मुँह पानी से धोकर साफ करती है। जिससे वह अपने बच्चे को आसानी से पहचान जाती है।

यही बात हमारे जीवन में भी लागू होती है। इतने सारे लोग हमारे सामने आते हैं तो सबसे पहले उनकी पहचान स्पष्ट होनी चाहिए कि वास्तव में उनके चेहरे के पीछे कौन है? अन्यथा सही पहचान के अभाव में आपसे गलती होने की पूरी संभावना है। जिसके परिणामस्वरूप आप दूसरों की सूरत में ही अटक जाएँगे। अधिकतर लोग अकसर यही गलती करते हैं। वे सूरत में अटककर, उसके पीछे छिपे असली मैं (सेल्फ, ईश्वर) को नहीं पहचान पाते और व्यर्थ में ही अपना जीवन बरबाद कर लेते हैं।

अध्याय 18

आंतरिक युद्ध

गुण और अग्नि

जो अपने विकारों पर विजय प्राप्त कर, पृथ्वी लक्ष्य पाना चाहते हैं, जो चेतना के सातवें उच्चतम स्तर पर महानिर्वाण निर्माण के कार्य से जुड़ना चाहते हैं, वे ही लोग सही समझ के साथ आंतरिक युद्ध[1] करना चाहते हैं।

आपके हथियार

इस युद्ध को निहत्थे नहीं लड़ा जा सकता है, यदि आपके पास कोई हथियार और रणनीति नहीं है तो आपकी हार निश्चित है। लेकिन यदि प्रेम, आनंद, मौन, भक्ति एवं समझ के हथियार आपके साथ हैं और आपने युद्ध की योजना भी बनाई है, जैसे 'जब अहंकार जाग्रत होगा तो मुझे क्या-क्या करना है...इंद्रियों के जाल से बचने के लिए कौनसे कदम उठाने हैं..' तो इन सबके सहयोग से निश्चित ही जीत आपकी होगी।

सबसे पहले इस जीत के लिए आपको यह पता होना चाहिए कि 'यह युद्ध वास्तव में क्या है, क्यों है, हमें इसे क्यों जीतना है और इसके लिए क्यों इतने गहन प्रशिक्षण की आवश्यकता है?' आपको यह आंतरिक युद्ध न सिर्फ अपने

---

[1] आंतरिक युद्ध, जिसमें आपको अपने अंदर के विकारों , गलत संस्कारों (वृत्तियों) से युद्ध कर, स्वयं को पाना होता है।

मंगल के लिए बल्कि दूसरों के मंगल के लिए भी जीतना है। इसीलिए आपको इसमें सारे हथियार लेकर ही उतरना है ताकि कहीं से भी हार की कोई गुंजाइश न बचे।

अनुमान लगाना इंसान का छिपा हुआ दुश्मन है। जब भी मन में कोई अनुमान आए तब आप तुरंत रामभक्त हनुमान और उनकी भक्ति को याद करें। हनुमान की भक्ति ने भक्तों के लिए आदर्श स्थापित किया है। जब उनकी भक्ति पर अनुमान लगे तो उन्होंनें अपने हृदय को चीरकर उसमें श्रीराम और माता सीता की अंकित तसवीर सबको दिखाई थी।

हनुमान भक्त की उच्चतम अवस्था के प्रतीक हैं। इस कथा के जरिए उनकी आंतरिक अवस्था के बारे में बताने की कोशिश की गई है कि बाहर चाहे जो भी परिस्थिति हो, लालच, कामनाएँ हों मगर सच्चे भक्त का ध्यान सदैव तेजस्थान (हृदयस्थान) पर ही रहता है। उसके तेजस्थान पर सदैव अनुभव (सत्य, सेल्फ) जाग्रत रहता है। यही भक्त की उच्चतम अवस्था है। आंतरिक युद्ध में यदि आप अपना ध्यान तेजस्थान पर रख पाते हैं तो ही विकार, वृत्तियाँ और गलत संस्कारों पर विजय प्राप्त की जा सकती है।

बाहरी प्रतीक आपको अपने अंदर की याद दिलाने के लिए होते हैं लेकिन सत्य भूल जाने के बाद लोग हनुमान की मूर्ति के सामने बस माथा टेकते हैं, उनके हृदय पर श्रीराम और सीता के दर्शन करते हैं। लेकिन यह संकेत प्राप्त नहीं कर पाते कि हमें भी अपने तेजस्थान पर ध्यान लगाना है। यदि हनुमान की मूर्ति पर कोई गहराई में मनन करे तो आप अंदाजा लगा सकते हैं कि उससे कैसी समझ मिलेगी लेकिन वास्तव में ऐसा नहीं होता। इसके पीछे कारण है कि इंसान का ध्यान मूर्ति की बजाय उससे जुड़े कर्मकाण्डों पर लगा रहता है। इसलिए लोग यह समझ ही नहीं पाते कि भगवान की हर मूर्ति भक्ति बढ़ाने का कार्य करती है। साथ ही वह इंसान को ईश्वरीय गुणों की उपासना करना सिखाती है ताकि ईश्वर के गुणों पर ध्यान लगाकर आपके अंदर भी वे ही गुण विकसित हो जाएँ। हालाँकि इंसान भी ईश्वर द्वारा बनाई हुई एक मूर्ति ही है। अगर किसी इंसान में आपको गुण दिखाई न दें तो आपका ध्यान तुरंत उसके अवगुणों पर चला जाता है।

हर गुण से बढ़े भक्ति

कुदरत का नियम है, जिस भी चीज पर ध्यान लगाएँगे, उसे अपनी ओर आकर्षित कर लेंगे। यदि गुणों पर ध्यान देंगे तो गुण बढ़ेंगे और अवगुणों पर ध्यान देंगे तो अवगुण ही बढ़ेंगे। इसलिए गुणों पर अधिक ध्यान दें। इससे आपके भीतर गुण बढ़ेंगे। जिसके फलस्वरूप भक्ति भी अपने आप ही जाग्रत होने लगेगी।

अधिकतर इंसान की यह कमजोरी रही है कि वह गुणों पर ध्यान नहीं लगा पाता। माता-पिता, भाई-बहन, पति-पत्नी, सास-बहू ये सारी ईश्वर द्वारा बनाई गई मूर्तियाँ ही हैं। यदि आपने इनके गुणों पर ध्यान दिया तो निश्चित ही आपमें भक्ति जाग्रत होगी, जो कभी भी स्वार्थ पूर्ति या राहत पाने के लिए नहीं होगी। भक्ति जगाने का मूल उद्‌देश्य ही यह है कि लोग अपनी वृत्तियों और गलत संस्कारों से मुक्त हो सकें। विकार उभरने के बावजूद भी आज्ञा में रह सकें और क्रोध में भी भक्तियुक्त प्रतिसाद दे सकें। आप जितनी बार भक्तियुक्त प्रतिसाद दे सकते हैं, कम से कम उतना तो दें यानी जितना संभव है, उतनी कोशिश तो आपको करनी ही चाहिए। इसके लिए आपको हमेशा 'बावजूद' शब्द को याद रखना है, जो कि भक्ति की वजह से होता है। उदाहरण के लिए क्रोध आने के समय आप स्वयं से कहें कि 'मुझे क्रोध आ रहा है इसके बावजूद मैं नम्र प्रतिसाद दूँगा।' इस तरह 'बावजूद' शब्द को भी विकारों से मुक्ति के लिए अपनी योजना का हिस्सा बनाएँ, इससे आपको काफी मदद मिलेगी। अतः अपने भीतर भक्ति की शीतल अग्नि जलाएँ, जिसमें तपकर मन की सारी गलत वृत्तियाँ और विकार भस्म हो जाएँ।

भक्ति की शीतल अग्नि

जब आप खाना खाते हैं तो शरीर की मशीन अपने आप उस खाने को पचाने में जुट जाती है। आपको उसके लिए कुछ करना नहीं पड़ता। ठीक इसी तरह भक्ति की अग्नि में तपकर, सारे विकार जल जाते हैं और आप देखते हैं कि इसके लिए आपको कुछ भी नहीं करना पड़ रहा है। जो भी हो रहा है, बहुत सहजता और प्रेम से हो रहा है। जब कोई कार्य प्रेम से किया जाता है तो

वह कार्य, कार्य जैसा नहीं लगता, भले ही आपको उसे दिन-रात करना पड़े। ऐसा इसीलिए होता है क्योंकि वह कार्य आपको बहुत आनंददायक लगता है। जैसे एक माँ अपने बच्चे के उत्तम लालन-पालन हेतु दिनभर काम कर, नौकरी करती है, मेहनत करती है। लेकिन पूरी प्रक्रिया में उसे इस बात का जरा सा भी खयाल नहीं आता कि उसे बच्चे के लिए इतना कुछ करना पड़ रहा है। इसी तरह जैसे चूल्हे पर बरतन रखने के बाद खाना अपने आप ही पक जाता है, वैसे ही भक्ति की शीतल अग्नि में तपकर, सारे विकार भस्म हो जाते हैं।

वास्तव में बिना भक्ति के जीवन वैसा ही है, जैसे बिना पानी के बादल। जिस तरह बिना पानी का बादल बरसकर भी किसी को पानी नहीं दे सकता, वैसे ही बिना भक्ति का जीवन किसी को प्रेम और आनंद नहीं दे सकता। ऐसे जीवन को खोखला कहा जाएगा, जो कभी किसी को कुछ नहीं दे सकता। इसे ही दूसरे शब्दों में यू कहा जा सकता है- भक्ति से देने की शुरुआत होती है, जबकि भक्तिरहित जीवन में केवल लेने की भावना होती है। अर्थात जिस तरह व्यापार में लेना-देना, नफा-नुकसान होता है, उसी तरह भक्ति के अभाव में इंसान का जीवन भी लेन-देन में चलता है। इसके विपरीत भक्ति जगने के बाद ही इंसान में देने और धन्यवाद का भाव आसानी से जगता है।

हर वृत्ति टूटे, भक्ति खिले-खुले

रोजमर्रा के जीवन में आपको हर पल, हर क्षण भक्ति भाव में रहने की हर संभव कोशिश करनी चाहिए। वरना छोटी सी घटना में भी इंसान हो-हल्ला मचाने लगता है। ऐसे में उसे यह याद ही नहीं आता कि इस समय उसकी परीक्षा (टेस्टिंग) हो रही है। अतः समझ यह हो कि आपके जीवन में भक्ति की शक्ति बढ़ाने हेतु आपको बार-बार परीक्षा में डाला जाता है। भक्ति में जब आप इन सबके बावजूद सकारात्मक प्रतिसाद देते हैं तब आपकी वृत्तियाँ टूटती हैं। यदि आप वृत्तियों के खिलाफ काम नहीं करेंगे, उन्हें खत्म नहीं करेंगे तो वे और बढ़ती जाती हैं।

आपकी मनोवृत्ति (आदत, पैटर्न) पुनीत वृत्ति बने। पुनीत यानी शुद्ध, और पवित्र। दिव्य भक्ति में मनोवृत्ति पुनीत वृत्ति बनती है। फिर कर्म बंधन खुलता

है। यदि कोई इंसान रेत से तेल या पानी से दूध निकालना चाहे और इसके लिए परिश्रम करे तो उसका परिश्रम निरर्थक रह जाएगा, वह कोई परिणाम हासिल नहीं कर पाएगा। इसका कारण है कि रेत में तेल और पानी में दूध होता ही नहीं इसलिए परिश्रम को तो व्यर्थ होना ही था। इसी तरह इंद्रियों से या मन की वृत्तियों से परमसुख प्राप्त करने की क्रिया भी बस एक क्रिया बनकर रह जाती है, उससे कभी परमसुख की प्राप्ति नहीं होगी। यह रेत से तेल निकालनेवाली क्रिया से भी ज्यादा भयानक और अर्थहीन है क्योंकि इससे वृत्तियाँ और भी गहरी बनती जाती हैं।

वास्तव में इंसान की गलत वृत्ति ही कर्म बंधन का कारण है। कर्म अपने आपमें बंधन नहीं है। उदाहरण के लिए यदि आपने किसी को थप्पड़ मार दिया तो यह कोई कर्म बंधन नहीं है। लेकिन यदि आपमें थप्पड़ मारने की आदत या वृत्ति विकसित हो जाए और आपका हाथ बार-बार हर घटना में खुद-ब-खुद उठ जाए तो यह कर्म बंधन बन जाता है। अधिकतर लोगों में इसी तरह गाली देने, चोरी करने या कामचोरी की वृत्ति विकसित हो जाती है। यही कर्म बंधन है।

यही वजह है कि अज्ञान के रहते इंसान सालों-साल इंद्रियों से परमसुख पाने की कोशिश करता है। परिणामतः उसे वृत्तियों में उलझने की आदत पड़ जाती है। इसलिए सत्य के प्रेमियों को खबरदारी का संकेत दिया जाता है ताकि वे वृत्तियों में जानेवाली बातों से सावधान हो जाएँ। जो लोग बार-बार न्यूज चैनल, मीडिया या इंटरनेट के संपर्क में आते हैं, उन्हें आगाह किया जाता है कि 'आप वहाँ सुख की तलाश करने की वृत्ति में उलझ जाएँगे, फिर उससे बाहर निकलना आपके लिए मुश्किल हो जाएगा।' इस चक्कर में ही कई लोगों का पूरा जीवन बीत जाता है।

दूसरी ओर, लोग इंद्रियों को खुश करने के चक्कर में बहुत सारा कीमती समय गवाँ देते हैं। उदाहरण के लिए कुछ लोग जरा सी बोरियत महसूस होने पर टी.वी. चलाकर, घंटों उसके सामने बैठे रहते हैं। ऐसे में उन्हें आभास भी नहीं होता कि उनका कितना सारा समय यूँ ही व्यर्थ चला गया।

कुछ लोग जरूरत से ज्यादा खाने के शौकीन होते हैं, वे हर होटल में खाने के द्वारा परमसुख ढूँढ़ते हैं। एक होटल में नहीं मिला तो दूसरे होटल में जाते हैं। फिर यह सिलसिला चलता ही रहता है। कई सालों तक ऐसा करते-करते उनकी यह साधारण सी लगनेवाली क्रिया वृत्ति में परिवर्तित हो जाती है। ऐसे में सिर्फ भक्ति ही काम आती है क्योंकि सिर्फ भक्ति ही उस वृत्ति को तोड़ सकती है।

कई लोग मन पर विजय पाने हेतु कठोर साधनाएँ तक करते हैं लेकिन वे असफल रहते हैं। अतः आपको अपने मन को प्रेम से तैयार करना है और उसे भक्ति रस का स्वाद देना है। ईश्वरीय भक्ति में जब मन शुद्ध होकर, हर वृत्ति से मुक्त होने लगता है, तभी भक्ति खिलती है, खुलती है, परवान चढ़ती है।

अध्याय 19

भक्ति में भक्त की परीक्षा

बल के विपरीत बल

सत्य के प्यासे खोजी के अंदर पहले वृत्ति और भक्ति में संघर्ष चलता रहता है। जिसमें एक तरफ मन होता है, जो उसे अपने हिसाब से चलाना चाहता है, दूसरी तरफ शुभ इच्छा (सत्य को पाने की प्यास) होती है, जो उसे ईश्वर के प्रति समर्पित होने को कहती है।

इन दोनों पक्षों में से आप किसे जिताना चाहते हैं? यदि आपको भक्ति का स्वाद मिल चुका है तो निश्चित ही आप भक्ति को ही जिताएँगे क्योंकि आप जान गए हैं कि जो परमसुख भक्ति में समर्पित होने पर मिलता है, वह मन के बहकावे में आकर, माया में उलझने पर नहीं मिलेगा।

वृत्ति पर भक्ति की विजय के लिए आपको कुछ प्रयास करने पड़ेंगे। इसके लिए आपको दिनभर की घटनाओं का निरीक्षण करना होगा कि 'किस घटना में भक्ति विजयी रही और किस घटना में वृत्ति?' मान लीजिए, दिनभर में आपके साथ तीस घटनाएँ होती हैं, उनकी जाँच के बाद आपको पता चलता है कि 'इनमें से दस घटनाओं में तो मैंने सफलतापूर्वक भक्तियुक्त प्रतिसाद दिया है और दस घटनाओं में मैं तटस्थ था यानी उस वक्त न तो भक्ति थी और न ही वृत्ति थी। बाकी की दस घटनाओं में मैं अहंकारी था और मुझ पर माया की

चाहत हावी थी।'। यदि आखिरी की इन दस घटनाओं पर मनन करके आपने अपना प्रतिसाद बदलने के लिए निरंतरता से कार्य किया तो धीरे-धीरे आप देखेंगे कि दस में से सात वृत्तियाँ ही बची हैं। फिर देखेंगे कि अब केवल छह बची हैं, फिर देखेंगे कि पाँच बची हैं। निरंतर ऐसा करते रहेंगे तो एक दिन आएगा जब आप हर घटना में भक्तियुक्त प्रतिसाद दे पाएँगे। इस तरह आप वृत्ति को हराकर अपना आंतरिक युद्ध जीत जाएँगे और इस तरह आपके साथ-साथ भक्ति की भी जीत होगी।

इंसान के जीवन में कुछ ऐसी घटनाएँ होती हैं, जिनमें उस पर वृत्तियाँ हावी हो जाती हैं। इस वजह से कई बार इंसान गलत कदम उठाता है। हालाँकि ऐसी घटनाएँ तो इंसान के जीवन में उसकी परीक्षा लेने के लिए ही आती हैं। जैसे यदि सामनेवाले को गुस्सा आया हो और आप वहीं रुककर उससे बातचीत करने की कोशिश करेंगे तो झगड़ा और बढ़ जाएगा। ऐसे में बेहतर यही होगा कि उस वक्त आप चुपचाप वहाँ से हट जाएँ। लेकिन यदि आपको सामनेवाले द्वारा कहे गए कोई शब्द पसंद न आए हों तो आप दिनभर यही सोचते रहते हैं कि 'अब मैं इसे नहीं छोड़ूँगा... इसे जवाब दिए बिना मुझसे रहा नहीं जाएगा... अब मैं इस बात की परवाह नहीं करूँगा कि मेरे सामने कौन है...' इत्यादि। ऐसे प्रतिसाद या सोच को ही वृत्ति कहते हैं। भक्ति से ऐसी हर वृत्ति का अंत हो सकता है।

जब इंसान जीवन की घटनाओं से गुजरकर सही प्रतिसाद देता है तब उसके भीतर भक्ति और ज्यादा निखर जाती है। आपने अब तक जितने भी महान भक्तों के नाम सुने हैं, जैसे - भक्त हनुमान, संत मीरा, भक्त प्रह्लाद या भक्त तुकाराम आदि वे अपने जीवन की हर परीक्षा में उत्तीर्ण होकर सच्ची भक्ति कर पाए। उनका जीवन ही बताता है कि भक्ति कैसे करनी है और उसे जीवन में कैसे ढालना है।

नन्हीं सी जान, भक्ति में लीन

प्रह्लाद भगवान विष्णु के परम भक्त थे। वे अपने पिता की इच्छा विरुद्ध होकर, भगवान विष्णु की भक्ति करते रहे। प्रह्लाद के सामने ऐसे कई प्रसंग आए,

जिसमें उन्हें मारने की कोशिश की गई लेकिन नारद की भविष्यवाणी के अनुसार जो कोई भगवान विष्णु की शरण में जाता है, उसे किसी से भी भयभीत होने की आवश्यकता नहीं होती... भयानक पशु भी उसका कुछ नहीं बिगाड़ सकते... मौत उसकी इच्छा के बिना समीप भी नहीं आ सकती... और अस्त्र-शस्त्र भी प्रभावहीन हो जाते हैं...। प्रह्लाद के साथ ऐसा ही हुआ। प्रह्लाद हर विपदा से सुरक्षित रहे। उनके पिता ने उन्हें अग्नि में जलाने का प्रयास भी किया। प्रह्लाद को होलिका की गोद में बिठाकर चारों तरफ से आग लगा दी गई थी, उसके बावजूद भी आग उन्हें जला न सकी। वहाँ पर भी भक्ति की ही जीत हुई।

इस कहानी में वर्णित होलिका-दहन प्रसंग में होलिका वास्तव में इंसान के भीतर की ईर्ष्या, वैमनस्य, काम, क्रोध, लालच आदि विकारों और मान्यताओं का प्रतीक है। प्रह्लाद सच्ची भक्ति का प्रतीक है और बाहरी आग, इंसान की आंतरिक आग का प्रतीक है, जो विकारों के उठने पर धधकती है। जब इंसान भीतर से इन विकारों की प्रबल आग में जल रहा होता है तो सिर्फ समझयुक्त सच्ची ईश्वर भक्ति ही उसे इस आग से बचा सकती है। वह उसे इन विकारों से लड़ने की राह दिखाकर, उनका सामना करने की ताकत भी देती है। होलिका-दहन का प्रसंग यही सीख देता है कि 'सच्चे भक्त को विकार कभी नहीं जला सकते हैं क्योंकि उसकी रक्षा स्वयं ईश्वर करते हैं। उस आग में होलिका यानी विकार स्वयं भस्म हो जाते हैं और ईश्वर शरणागत भक्त सुरक्षित रहता है।

अतः आगे से जब भी आपके अंदर विकारों की आग उठे तो अपने आपको यही याद दिलाते रहें कि 'मुझे भक्त प्रह्लाद बनना है', तभी आप इस आग से बच सकेंगे, तभी विकारों और मान्यताओं की होली जलाई जा सकेगी।

होली का त्योहार इसी लिए आता है ताकि लोग अपनी मान्यताएँ, वृत्तियाँ, पैटर्नस् जलती होली में डालकर भस्म कर दें। इसलिए जब भी आपको किसी से जलन या कुढ़न महसूस हो तो यह प्रार्थना करें कि 'हे ईश्वर, मुझे भक्त प्रह्लाद की तरह सच्ची भक्ति प्रदान करो।'

बल के विपरीत बल (फोर्स अगेन्स्ट फोर्स)

सभी जानते हैं कि एक विद्यार्थी के संपूर्ण विकास के लिए परीक्षाएँ होनी

बेहद जरूरी हैं। परीक्षा में सफल होने के लिए वह मेहनत करता है, खुद को तैयार करता है। परीक्षा के बाद ही पता चलता है कि वह अगली कक्षा में जाने के लिए लायक बना कि नहीं। इसी प्रकार ईश्वर भी भक्ति में हर भक्त की परीक्षा (टेस्टिंग) लेता है, जिससे उसका विकास हो और वह आगे के स्तर पर जा पाए। परीक्षा की वजह से ही इंसान जीवन की घटनाओं में सोचने एवं मनन करने के लिए मजबूर होता है। जीवन में तो घटनाएँ होती ही रहती हैं मगर बीच में ऐसी कोई अचानक घटना भी हो जाती है, जो उसकी परीक्षा की घड़ी बनकर आती है। यदि उसमें इंसान हिल जाए तब उसे उस घटना पर सोचना पड़ता है कि 'ऐसा क्यों हुआ, यदि ऐसा दोबारा हुआ तो मैं इससे कैसे बाहर निकल सकता हूँ, इसके लिए मुझे क्या-क्या तैयारी करनी चाहिए ?' इस तरह एक समझदार इंसान अपनी परीक्षाओं से काफी कुछ सीखकर अपना विकास करता है। वहीं दूसरी ओर कुछ अंध विश्वासी लोग ऐसी घटनाओं को पिछले जन्म के कर्म, बुरी किस्मत, दैवीय प्रकोप आदि का नाम देकर ढोंगी और ठग पंडितों, तांत्रिकों, ज्योतिषियों के चक्कर में पड़कर उलटा अपना पतन कर लेते हैं।

समझदार इंसान अपनी गलतियों से सीखता है। मनन करने पर जब उसके सामने जीवन की गलतियाँ आती हैं तब उसे अंदर से लगता है कि 'दोबारा ऐसी गलतियाँ न हों, इसके लिए उसकी समय-समय पर परीक्षा होनी चाहिए ताकि वह स्वयं अपना आकलन कर, आगे के लिए तैयार हो सके।' इसके लिए बाहर से यानी कुदरत से बल (फोर्स) मिलना चाहिए। यदि बल नहीं होगा तो इंसान अपनी गलतियों को बढ़ाते ही रहेगा। बाहर का बल इंसान को दलदल से बाहर निकालता है। जब जीवन में सब कुछ शांत चल रहा होता है तो इंसान को समझ में ही नहीं आता कि उसे कब अपने विकास के लिए जोरदार प्रयत्न करने हैं और कब नहीं करने हैं। इंसान को यह समझ प्राप्त हो इसके लिए उसे बाहर से बल चाहिए, जो उससे जोरदार प्रयत्न करवा सके। कुछ लोग इस बल के विपरीत बल (फोर्स के अगेन्स्ट फोर्स) लगाते हैं।

जैसे यदि भक्ति क्रिया में नहीं उतरी तो इसका अर्थ है कि अभी कुछ काम बाकी है क्योंकि अभी मन अपने ही नाटक में उलझा हुआ है कि 'मुझे यह

चाहिए, वह चाहिए।' उदाहरण के लिए मन में एक विचार आता है कि 'चलो थोड़ी देर के लिए मौन में बैठते हैं।' लेकिन तभी दूसरा विचार आ जाता है कि 'अभी नहीं थोड़ी देर बाद बैठेंगे।' इसी को कहते हैं- 'बल के विपरीत बल।' यानी ईश्वर की तरफ से तो बल आया मगर आपने उसके विपरीत बल लगाकर, उसे बेकार कर दिया। इंसान को अपनी यह गलती दिखाई नहीं देती क्योंकि उसे इतनी समझ ही नहीं होती कि वह इन सूक्ष्म ईश्वरीय विचारों या बल को पकड़ सके। उसके मन को यह पता नहीं होता है कि बाहर से बल देकर उसे उच्चतम स्तर के लिए तैयार किया जा रहा है, इसमें उसी की भलाई छिपी है। इसलिए वह बल के विपरीत बल लगाता है। मन को यह पता होना चाहिए कि सेल्फ की उच्चतम इच्छा क्या है और वह कैसे हमें प्रशिक्षण दे रहा है। यह समझ में आ जाए तब वह अपने ऊपर बल को काम करने देगा। कभी-कभी मन बल के विपरीत बल लगाने के लिए अपने ज्ञान का भी इस्तेमाल करता है। कुछ उदाहरणों से आप इस बात को विस्तार से समझ सकते हैं।

1) जैसे सूरज से अलग-अलग रंग की किरणें आ रही हैं, उसमें हरी, पीली और लाल किरणें हैं। यह देखकर मन कहता है कि 'ये लाल रंग की किरणें नहीं आनी चाहिए, ये क्यों आ रही हैं? अगर इसकी जगह पर कोई और रंग होता तो भी चल सकता था।' यह बल के विपरीत बल हुआ।

2) जैसे सत्संग में कोई भक्तियुक्त पंक्ति या भजन सुनकर आपको रोना आ रहा है मगर आप उस रोने को रोककर रखते हैं। अर्थात आप उस बल को अपने आप पर काम करने की अनुमति नहीं देते। क्योंकि अंदर से एक विचार आया कि 'पुरुष होकर अगर मैं इन लोगों के सामने रो पड़ूँगा तो ये मेरे बारे में क्या सोचेंगे?' ऐसा विचार आया यानी बल के विपरीत बल आया।

उपरोक्त उदाहरणों से समझें कि जब भी किसी घटना में बल आए तो उसे काम करने दें (कॉमन सेंस का उपयोग जरूर करें)। बल तो उपलब्ध है ही, सिर्फ बल के विपरीत बल खत्म होना चाहिए। हमारे जीवन में हर घटना में आनेवाला बल बहुत कुछ करता है मगर उसे न समझने के कारण हम घटनाओं में उसका प्रतिरोध करते हैं।

जैसे यदि कोई मौन उपासना का महत्त्व नहीं जानता हो तो उसका बल दिनभर बाहर के कार्य करने में लगा रहता है। मौन उपासना यानी एक दीए से दूसरा दीया जलना, यह समझ में आएगा तो बल के विपरीत बल नहीं लगेगा।

अज्ञान के चलते मन कहता है कि 'यदि ऑफिस में किसी काम का श्रेय नहीं लिया तो प्रमोशन कैसे होगा... घरवाले मुझे कमतर समझेंगे... मुझे अच्छा खाना नहीं मिलेगा... यदि श्रेय नहीं लिया तो ऑफिस में कोई मेरा आदर नहीं करेगा...।'

कहने का अर्थ है कि मन अपनी बड़बड़ कर रहा है और इसके चलते अंदर से जो ईश्वरीय बोध जग रहा था, आपको सही बल मिल रहा था, वह भी दब जाता है। ऐसे वक्त पर यदि आपकी पूर्व तैयारी है, आपका आधार सच्ची और प्रगाढ़ भक्ति है तो आप देखेंगे कि आप बहुत सहजता से श्रेय लेना छोड़ देंगे... स्वीकार... या क्षमा करना आपके लिए सहज होगा... । ऐसे में आपके द्वारा करुणा के भाव पूरी सहजता से निकलेंगे...। फिर भले ही कोई देख रहा हो या न देख रहा हो... बाकी लोग भक्ति कर रहे हैं या नहीं कर रहे... संसार भक्ति को महत्त्व देता हो या न देता हो... इन सब बातों से आपको कोई फर्क नहीं पड़ेगा क्योंकि आपकी भक्ति का कारण ये सब बातें नहीं हैं। आप तो पूरी समझ, आस्था और प्रेम के साथ ईश्वर को जानने की वजह से भक्ति कर रहे हैं। आपको ईश्वर से तेजप्रेम हुआ है इसीलिए आप भक्ति कर रहे हैं। बस! उस बेशर्त भक्ति में आपको बल के विपरीत बल नहीं लगाना है।

अध्याय 20

भक्ति शक्ति संतुलन

शक्ति के खेल

अज्ञानी इंसान का मस्तिष्क कुरुक्षेत्र के मैदान की तरह है, जिसमें हर समय नकारात्मक विचारों का युद्ध चलता रहता है। बाहर से बिलकुल शांत दिख रहे इंसान के भीतर भी, हो सकता है द्वंद युद्ध चल रहा हो। ऐसे में हृदय (तेजस्थान) ही उचित स्थान है, जहाँ से उसे युद्ध जीतने हेतु सही मार्गदर्शन मिल सकता है। तेजस्थान पर जाकर ही पता चल सकता है कि इस युद्ध (मायावी, कलावी, तोलू मन के विचारों) से निबटने के लिए उसे कितनी भक्ति एवं शक्ति की आवश्यकता है।

भक्ति के नौ भाव और शक्ति के नौ रूप होते हैं। इंसान के जीवन में दोनों का महत्त्व है, उस पर दोनों का अलग-अलग प्रभाव होता है। इसलिए उसके जीवन में भक्ति और शक्ति का उचित संतुलन होना आवश्यक है वरना बिना संतुलन के इंसान शक्ति के मद में फँसकर लड़खड़ाकर, अपने मूल उद्देश्य, पृथ्वी लक्ष्य से भटक जाता है। भक्ति और शक्ति के बीच कैसा अनुपात (रेशो) होना चाहिए, आइए, इसे एक ऐनालॉजी द्वारा समझते हैं।

मान लीजिए, एक कंपनी है जिसमें शक्ति और भक्ति दोनों की हिस्सेदारी (शेअर्स) है। अब यदि कंपनी में शक्ति की हिस्सेदारी भक्ति से ज्यादा हो जाती

है तो शक्ति उस कंपनी की मालिक बन जाती है। फिर धीरे-धीरे शक्ति कंपनी के सारे शेअर्स खरीदकर भक्ति को कंपनी से बाहर कर देती है। परिणामतः भक्ति चुपचाप बाहर चली जाती है। अर्थात जब-जब कंपनी में शक्ति की हिस्सेदारी भक्ति से ज्यादा हो जाती है, तब-तब भक्ति को वहाँ से विदा लेनी पड़ती है, वह उस कंपनी में अपनी शुभ इच्छा पूर्ण नहीं कर पाती और असफल हो जाती है। अब यदि आप चाहते हैं कि भक्ति, कंपनी में बनी रहे और अपने उद्‌देश्य पर काम कर पाए तो जाहिर है कि इसके लिए उसका अनुपात शक्ति से हमेशा ज्यादा होना चाहिए।

इस ऐनालॉजी में कंपनी इंसान, परिवार, संघ, समाज, देश का प्रतीक है। कभी कथा-कहानी, कभी मूर्ति, कभी ऐनालॉजी तो कभी त्योहारों के माध्यम से लोगों को सदियों से यही समझाने का प्रयास किया जा रहा है कि 'शक्ति का अनुपात भक्ति से कभी भी ज्यादा न हो वरना उसी का राज चलेगा।' फिर भी सही समझ और ज्ञान के अभाव में सदियों से यह संतुलन बिगड़ता आया है। जब भी लोग भक्ति को भूलकर शक्ति की उपासना में लग जाते हैं तो यह संतुलन बिगड़ जाता है और भक्ति अपना काम नहीं कर पाती। फिर इसे ठीक करने एवं लोगों को याद दिलाने के लिए त्योहार के रूप में अनेक मौके आते रहते हैं क्योंकि त्योहारों में यह ज्ञान पिरोया गया है। कभी राम की रावण पर विजय दिवस के रूप में तो कभी देवी के असुर संग्राम की कहानियों द्वारा बार-बार याद दिलाया जाता है कि 'शक्ति की उपासना करनेवालों का कैसा अंत होता है। अतः भक्ति की शरण में रहें।' मगर लोग त्योहारों के संकेतों को पकड़ नहीं पाते क्योंकि उनका सारा ध्यान त्योहारों से जुड़ी मान्यताओं और कर्मकाण्डों पर ही रहता है।

शक्ति उपासना

कई पौराणिक कहानियों में बताया गया है कि असुर प्रवृत्ति के लोगों ने जब ईश्वर की पूजा और भक्ति की तब उनकी भक्ति देखकर ईश्वर प्रसन्न हुए। उन्हें ईश्वर द्वारा मनचाहा वरदान भी प्राप्त हुआ लेकिन समय के साथ वह वरदान अभिशाप बन गया क्योंकि वरदान मिलते ही भक्ति की जगह शक्ति ने ले ली। फिर उन पर शक्ति इतनी हावी हो गई कि वे वरदान देनेवाले ईश्वर के ही दुश्मन

बन बैठे। शक्ति आने के साथ उनकी भक्ति समाप्त हो गई क्योंकि वह भक्ति स्वार्थ से प्रेरित थी।

दूसरी ओर ऐसी कहानियों से यह भी सीख मिलती है कि कभी भी ऐसे व्यक्ति को शक्ति नहीं मिलनी चाहिए, जिसमें उसे सँभालने की योग्यता और बुद्धि न हो। यदि कुपात्र को शक्ति दे दी जाए तो वह उसका दुरुपयोग ही करता है। जबकि भक्त अपनी शक्ति का उपयोग हमेशा ईश्वरीय कार्यों के लिए करता है। भक्ति और शक्ति में संतुलन न बिगड़े, इसके लिए शक्ति के बढ़ने पर भक्ति में भी उसी अनुपात से वृद्धि होनी चाहिए।

अज्ञान के चलते इंसान के भीतर कब शक्ति आ जाए, यह कहा नहीं जा सकता। इंसान रोज व्यायाम कर रहा है, खाना खा रहा है, कमा रहा है, लोगों से बातचीत कर रहा है और एक दिन अचानक उसे कोई बड़ा मौका (ऑफर) मिलता है तो उसमें तुरंत शक्ति का संचार होने लगता है। इससे वह स्वयं को बड़ा शक्तिशाली समझने लगता है। फिर अपने सुदृढ़ माँसपेशियों के तगड़े शरीर को देखकर उसे लगता है कि 'दो-चार लोगों को मुक्के मारकर देखूँ कि मेरा कोई कुछ बिगाड़ पाता है या नहीं...।' ऐसा करके वह यह परखने की कोशिश करता है कि उसमें कितनी ताकत है।

इससे समझें कि इंसान शक्ति की उपासना तो कर रहा है मगर वह उस शक्ति को सँभालने के लिए पात्र नहीं बना है। वह अपनी शक्ति का गलत उपयोग कर रहा है, गलतियों पर गलतियाँ कर रहा है और उसे यह पता भी नहीं चल रहा है। वह तो इस गलतफहमी में है कि 'मेरी शक्ति कितना काम कर रही है... मेरी शक्ति से कितनी सारी बातें हो गई...।' अगर शक्ति को इस्तेमाल करने की सही समझ न हो तो शक्ति होना और न होना, दोनों अभिशाप बन जाते हैं।

शक्ति को सँभालना सीखें

आज के दौर में शक्तिहीन लोगों को शक्ति अर्जित करने के लिए कहा जाता है। जैसे युवा लड़कों को अपने अंदर गुण विकसित करने और शक्ति एवं बुद्धि बढ़ाने हेतु प्रेरित किया जाता है क्योंकि यह वर्तमान समय की आवश्यकता

है। जब कोई युवक जिम्मेदार नहीं होता या खुद कमाता नहीं है तो उसे शक्ति की आवश्यकता महसूस होती है। हालाँकि सांसारिक क्रिया-कलापों में शक्ति की भी आवश्यकता होती है। मगर शक्ति अर्जित करने के साथ-साथ युवाओं को यह समझ भी दी जानी चाहिए कि शक्ति को कैसे सँभालना है और कैसे उसका सदुपयोग करना है।

यदि आप युवाओं को सारी बातें एक साथ बताएँगे तो वे उलझन में पड़ जाएँगे। शक्ति अर्जित करने से पूर्व ही यदि उन्हें सावधानियाँ भी बताई जाने लगीं, तो वे उन्हें समझ नहीं पाएँगे। इसीलिए बेहतर होगा कि पहले कदम पर शक्ति अर्जित करने के बारे में मार्गदर्शन दिया जाए। फिर एक समय के बाद जब-जब कुछ शक्ति आ जाए तब उन्हें आगे की सूचना दी जाए कि 'अब तुम शक्ति बढ़ाने के साथ-साथ उसे सँभालने की क्षमता एवं मन की शुद्धता भी बढ़ाओ...।' वरना बिना मन की शुद्धता के शक्ति का दुरुपयोग होगा। मन की शुद्धता के लिए प्रेम और भक्ति को जगाना जरूरी है। हाँ, इस बात का अवश्य खयाल रहे कि भक्ति हमेशा शक्ति से ज्यादा हो ताकि कभी भी शक्ति कंपनी (परिवार, संघ) की मालिक न बन बैठे, संघ या सत्संग को अपने वश में न कर ले। ऐसा करना शक्ति की चाहत होती है, जबकि भक्ति की चाहत पूर्ण होनी, पृथ्वी लक्ष्य पूर्ण होने समान है।

शक्ति के साथ गलत चाहना

यह बात हमेशा याद रखें कि आपके जीवन में भक्ति की शक्ति काम करनी चाहिए, न कि शक्ति की भक्ति काम करे। दरअसल आज अनजाने में इंसान शक्ति की भक्ति ही कर रहा है। इस मामले में जब बीच की महीन रेखा (फाइन लाइन) पकड़ में आएगी तो भक्ति की शक्ति काम करेगी। फिर जो भी होगा, उसमें सबका मंगल ही होगा।

दूसरी ओर शक्ति की भक्ति करने की जो गलती होती है, उसमें भी यदि होश जाग्रत हो जाए तो आप खुद से यह सवाल पूछ पाएँगे कि 'शक्ति आने के साथ कहीं मेरा लक्ष्य बदल तो नहीं गया है? मेरी प्रार्थना बदल तो नहीं गई है? क्या मैं अब भी उसी दिशा में प्रार्थना कर रहा हूँ, जिस लक्ष्य को लेकर

मैं चला था?' अगर इंसान खुद से ऐसे सवाल नहीं पूछता तो संभावना है कि शक्ति आने के साथ वह अपने लक्ष्य से दूर जाए या लक्ष्य को भूल जाए।

जैसे एक इंसान प्रार्थना करता है कि 'मैं प्रेम, आनंद और मौन से भरे जीवन का निर्माण करूँ, जिसका मैं खुद भी लाभ लूँ और मेरे साथ रहनेवाले लोग भी।' इस तरह वह एक प्यारा लक्ष्य लेकर चलता है मगर शक्ति आने के बाद वह लापरवाह होने लगता है। परिणामतः उसकी लापरवाही अन्य लोगों के लिए भी नुकसानदायी होने लगती है। ऐसे में उस इंसान से कई सारी गलतियाँ भी होती हैं। फिर जब उसे जीवन में बड़े झटके लगते हैं तब वह होश में आता है। मगर अगर कोई सही समय पर जाग्रत नहीं हुआ तो कुछ लोग ऐसे हालात में और भी बदतर होते जाते हैं। शक्ति के खेल (पॉवर गेम) में जो इंसान पहले बुरा नहीं था, वह बुरा बनने लगता है। जैसे राजनीति में कुछ अच्छे लोग भी गए थे, जो बाद में बुरे बनकर, बाकी राजनेताओं की तरह गलत कार्य करने लगे। ऐसा इसलिए हुआ क्योंकि वे अपनी शक्ति को सँभाल नहीं पाए।

तात्पर्य- इंसान अपने आस-पास जो होते हुए देखता है, उस पर उसी का प्रभाव ज्यादा होता है। अनजाने में उसे यह पता ही नहीं चलता कि वह जो कुछ देख रहा है, उसके भीतर उसी की चाहना जगने लगी है। यह चाहत इतनी सूक्ष्म होती है कि बिना मनन के जल्दी नजर नहीं आती।

जैसे एक इंसान बाजार में घूमते हुए कुछ चीजें देखता है और उसके अंदर यह इच्छा जगने लगती है कि 'मेरे पास भी यह चीज आए तो कितना अच्छा होगा।' हालाँकि उस चीज की उसे कोई जरूरत नहीं होती लेकिन जैसे ही इच्छा जाग्रत होती है, वैसे ही उस चीज के उसके जीवन में आने की प्रक्रिया शुरू हो जाती है। फिर कोई उपहार के तौर पर उसके लिए वही चीज लेकर आता है तो इंसान को आश्चर्य होता है कि 'जो चीज मुझे चाहिए थी, वही मिल गई और इतनी जल्दी मिल गई।' इससे समझें कि इंसान खुद को आकर्षण में फँसने से रोक नहीं पाता, वह जो भी चीज देखता है, जरूरत न होते हुए भी उसकी चाहना करने लगता है। ऐसे में इंसान इस बात से बेखबर होता है कि ऐसा करने से उसके द्वारा अनजाने में गलत प्रार्थनाएँ भी हो सकती हैं।

निर्माण की शक्ति

हर इंसान आनंदित समाज (महानिर्वाण) निर्माण करने की शक्ति रखता है। मगर स्वयं के भीतर इस बात का विश्वास जगाने के लिए पहले उसे छोटे-छोटे निर्माण कार्य करने होंगे। यदि हर इंसान को यह लक्ष्य समझ में आ जाए और वह उसके लिए कार्य करने लगे तो उसकी सुविधा की हर चीज अपने आप ही जीवन में आ जाती है। फिर उसे किसी अन्य सुविधा के लिए प्रार्थना नहीं करनी पड़ती क्योंकि वह तो उसे बोनस के रूप में ही मिलती है।

अतः आप अपने लक्ष्य की प्राप्ति के लिए सही प्रार्थना करें। अपने लक्ष्य को ध्यान में रखते हुए यदि आप शक्ति चाहते हैं तो यह प्रार्थना करें कि 'मुझे भक्ति की शक्ति प्राप्त हो।' जिसमें समझ यह होनी चाहिए कि जीवन में जो शक्ति आ रही है, वह भक्ति, प्रेम, मौन, आनंद को बढ़ाने में काम आनी चाहिए। साथ ही साथ औरों के जीवन में भी प्रेम, आनंद, मौन का फैलाव हो।

अध्याय 21

शक्ति से ज्यादा भक्ति

मुरली, चक्र और ढोलक

जिन लोगों के जीवन में भक्ति-शक्ति का संतुलन बिगड़ जाता है, वे सत्य से दूर हो जाते हैं। कभी भी अपने जीवन में शक्ति को भक्ति से बढ़कर महत्त्व न दें। भक्ति का महत्त्व हमेशा शक्ति से अधिक होना चाहिए और शक्ति का उपयोग केवल ईश्वरीय अभिव्यक्तियों और भक्ति को बढ़ाने के लिए होना चाहिए। एक कहानी से आपको समझ में आएगा कि भक्ति और शक्ति में क्या फर्क है।

बादशाह अकबर ने एक दिन संत हरिदास को मंदिर में भजन गाते हुए सुना था। उस समय संत हरिदास भक्ति रस में डूबकर गा रहे थे। उनका गायन ईश्वरीय अनुभूति से भरा हुआ था। संत हरिदास से मिलकर और उनकी आवाज सुनकर बादशाह काफी प्रभावित हुए। उन्होंने तानसेन से सवाल पूछा कि 'तुम्हारे गुरु की आवाज में जो बात है, वह तुम्हारी आवाज में क्यों नहीं है?' तानसेन एक ईमानदार और सच्चे शिष्य थे। उन्होंने इस सवाल के दो जवाब दिए।

पहला जवाब - मैं राजा के लिए गा रहा हूँ और मेरे गुरु संत हरिदास राजाओं के राजा (ईश्वर) के लिए गाते हैं।

दूसरा जवाब – मेरे गायन के साथ आजीविका लक्ष्य जुड़ा हुआ है। मैं आपके दरबार में गाता हूँ और इस बात की मुझे तनख्वाह मिलती है। मैं स्वार्थ से प्रेरित होकर तनख्वाह के लिए गाता हूँ, जबकि मेरे गुरु का गायन स्वार्थरहित है। वे बेशर्त प्रेम, आनंद, मौन में ईश्वरीय भक्ति करने हेतु गाते हैं। अपने भजन से वे ईश्वर की सराहना करते हैं इसीलिए उनके गायन में दिव्य अनुभूति है जो मेरे गायन में नहीं है।

आइए, अब तानसेन के जवाब में छिपे मूल अर्थ को विस्तारपूर्वक तेजज्ञान के प्रकाश में गहराई से समझें।

तानसेन का अर्थ है – तनसेन यानी जो तन को घिसकर खाते हैं, वे तन का (तनख्वाह) खाते हैं। अर्थात उनके सारे कार्य सिर्फ आजीविका उपार्जन के लिए ही होते हैं। उनका लक्ष्य मात्र पैसा कमाना होता है।

जो लोग आजीविका लक्ष्य से थोड़ा आगे बढ़ पाए हैं, वे धन के लिए नहीं बल्कि नाम–शोहरत, प्रशंसा के लिए गाते हैं। वे मन और बुद्धि को घिसकर खाते हैं, अतः मनख्वाह (मन का) खाते हैं।

जो दिल को यानी हृदय को घिसकर गाते हैं, वे दिलखास खाते हैं। दिलखास यानी दिलख्वाह। ऐसे लोग हृदय से उठनेवाले प्रेम, मौन, आनंद के लिए गाते हैं। इनका हर गायन (कर्म) ईश्वरीय अभिव्यक्ति होता है।

यह मनन करने योग्य स्पष्टीकरण है कि तनख्वाह, मनख्वाह और दिलख्वाह में से आप क्या पाना चाहते हैं? इसलिए कुछ देर पुस्तक बाजू में रखकर, यहाँ रुकें, सोचें, फिर आगे बढ़ें।

जैसे संत तुकाराम, संत एकनाथ सच्ची भक्ति में डूबकर भजन गाते हैं तो उन्हें दिलख्वाह मिलती है। जो लोग तारीफ पाना चाहते हैं, उन्हें मनख्वाह मिलती है।

दिलख्वाह खानेवालों के लिए दिल से निकलनेवाला प्रेम, आनंद, मौन ही उनका भोजन है, भजन है। आप अपने आस–पास देखेंगे तो आपको तनसेन,

मनसेन और दिलसेन ऐसे तीनों प्रकार के लोग दिखाई देंगे। आपका लक्ष्य दिलसेन बनने का हो क्योंकि जो दिल को घिसकर गाते हैं, वे मन की शुद्धता (प्यूरिटी) पाते हैं। इसी लक्ष्य पूर्ति के लिए भक्ति को अपने जीवन में उच्च स्तर पर रखना जरूरी है।

भक्ति कभी भी शक्ति से कम न हो। जब भक्ति शक्ति से कम हो जाती है तो लोग केवल तनख्वाह यानी पैसे, पद या ताकत के लिए कार्य करते हैं। यहाँ पर इस बात का अर्थ यह नहीं है कि इंसान तनख्वाह लेनी ही छोड़ दे। यहाँ बात की जा रही है इंसान के फोकस की, उसके कर्मों के पीछे छिपी भावना की। यदि उसके कर्म भक्तियुक्त हों, अव्यक्तिगत (इम्पर्सनल) हों, कर्म के पीछे स्वार्थ नहीं बल्कि सभी के लिए मंगल भावना हो तो उसे ऐसी भक्ति के साथ बोनस में तनख्वाह से आनेवाली सभी चीजें भरपूर मिलेंगी क्योंकि अव्यक्तिगत जीवन जीने से कई गुना बढ़कर मिलता है। लोगों ने जब तक इसका अनुभव नहीं किया होता तब तक उन्हें यह बात अतार्किक और असंभव लगती है। परिणामतः वे अव्यक्तिगत जीना शुरुआत ही नहीं करते।

शक्ति जब अहंकार के साथ जुड़ती है तब यदि आप सजग हैं तो आपको तुरंत समझ में आ जाएगा कि कुछ ऐसा हो रहा है, जो सही नहीं है। यदि सजगता नहीं होगी तो आपको कुछ भी पता नहीं चलेगा। आपको अंदाजा ही नहीं हो पाएगा कि कब शक्ति हावी हो जाती है और आप उसकी बातों में आ जाते हैं। आइए, इस बात को अगले उदाहरण से विस्तारपूर्वक समझें।

> एक मनमौजी हाथी को अगर किसी रैली के दौरान बाजार के रास्ते से ले जाया जाए तो वह बिलकुल भी शांत नहीं चलेगा। वह अपनी सूंड़ अलग-अलग रेढ़ियों (हाथगाड़ियों) पर डालता रहेगा। कभी वह केलेवाले की गाड़ी से केला उठाएगा तो कभी सेबवाले की गाड़ी से सेब। हाथी की ऐसी हरकतों से महावत भी परेशान हो जाता है और आखिर में वह हाथी की सूंड़ को उसी के गले की चैन से बाँध देता है ताकि वह कोई फल या सब्जी न उठा पाए।

हालाँकि हाथी को सिर्फ उस रास्ते से गुजरकर आगे जाना था लेकिन

अपनी वृत्तियों के चलते उसने रैली में भगदड़ मचा दी। यहाँ पर हाथी तोलू मन का प्रतीक है। अब सवाल यह है कि तोलू मन को शांत करने के लिए ऐसा क्या दिया जाए, जो उसे पसंद भी आए।

इसका जवाब है यदि तोलू मन को भक्ति मिलती है तो वह उस भक्ति में अनुशासित होने लगता है। फिर एक समय ऐसा आता है, जब वह भक्ति में नमन होकर विलीन होने के लिए तैयार हो जाता है और उससे बेशर्त भक्ति शुरू होती है। पहले भक्ति में कई शर्तें होती हैं कि फलाँ-फलाँ चीजें मिलेंगी... मन्नतें पूरी होंगी... सारी समस्याओं का समाधान मिलेगा... तो ही हम भक्ति करेंगे। लेकिन ये सारी बातें तो बोनस में होती ही हैं क्योंकि जब आप बेशर्त भक्ति करते हैं तो आपको भक्ति के साथ-साथ बोनस में बेशुमार चीजें मिलती हैं। बेशर्त, बेशक, बेहद और बेशुमार खुद-ब-खुद आपके जीवन में आता है लेकिन बोनस के रूप में आता है। तात्पर्य- भक्ति अपने आपमें पूर्ण है इसलिए उसे आप बेशर्त होकर करें। जब भी आपमें ज्ञानी वृत्ति जाग्रत होगी तब सिर्फ भक्ति ही उसे गिरा पाएगी इसीलिए भक्ति की महीमा अपरंपार है।

भक्ति में भावना का महत्त्व

भक्ति, एक भाव है। भाव अनुभव के सबसे नजदीक होता है। भाव के बाद विचार, विचार के बाद वाणी और वाणी के बाद क्रिया होती है। भाव जब अनुभव के स्तर पर पहुँचता है तब वह क्रिया में उतरता है। अचानक जाग्रत हुई भावना से आप कठिन से कठिन कार्य भी कर गुजरते हैं। सुस्त से सुस्त इंसान भी भावना की शक्ति से कठिन कार्य को भी आसानी से कर लेता है। लेकिन वैसी प्रबल भावना संचरित होने तक वह रुका हुआ होता है। ऐसे में जब तक गुरु की बातों पर मनन-चिंतन नहीं होता तब तक भक्ति की भावना जाग्रत नहीं होती।

इंसान की भावना लोगों के साथ भी जुड़ी होती है। लोग सोचते हैं कि 'फलाँ इंसान में जरा बदलाव आए तो हम खुश होंगे... हमारे सारे काम समय पर पूरे हो जाएँगे... हमारी भावना बदलेगी...।' जबकि हकीकत ठीक इसके विपरीत होती है। असल में तो जब भक्ति में आपकी भावना सकारात्मक तौर

पर प्रबल होगी तभी आपके सारे काम समय पर होंगे... आपके आस-पास के लोग बदलेंगे... और यदि लोग नहीं भी बदले तो भी आपके जीवन में इससे कोई दिक्कत नहीं होगी। आपके सुर और ताल नहीं बिगड़ेंगे। आपकी समझ पर कोई असर नहीं होगा। आपके पास जो आना चाहता है, वह आएगा ही। ऐसा भक्ति में ही संभव है। इसके विपरीत यदि आप खुद के बदलने के बजाय लोगों को बदलने की कोशिश कर रहे हैं तो इससे दुःख का ही निर्माण होगा। ऐसा होना यह साबित करता है कि आप भक्ति की भावना से दूर हो गए हैं। अतः दूसरों को बदलने के बजाय खुद को बदल डालिए, खुद को भक्ति के रंग में सराबोर कर दीजिए। फिर देखिए, आपके आस-पास की दुनिया खुद ही बदलने लगेगी।

जो इंसान ईमानदारी के साथ स्वयं से बात करता है, उसे यह रहस्य समझ में आ जाता है कि 'वास्तव में उसे किस बात का दुःख हो रहा है, उसके दुःख का मूल कारण क्या है ?' यदि आप ईमानदारी के साथ मनन करेंगे तो यह सत्य उजागर होगा कि हमें जीवन में जो चाहिए, वह हमारे जीवन में आ ही रहा है। विश्व में कई सारे लोग आए और चले गए लेकिन विश्व उन पर निर्भर नहीं रहा इसलिए अपनी शक्ति पर गुरूर न करें बल्कि भक्ति की शरण में जाएँ। वरना इंसान को कभी यह पता ही नहीं चलता कि कब शक्ति भक्ति से ज्यादा हो गई और भक्ति शक्ति के लिए काम करने लगी।

मान लीजिए, एक चित्र में मुरली के ऊपर सुदर्शन चक्र घूमता हुआ दिखाया गया है। अब यदि लोगों से पूछा जाए कि इस चित्र में आपको पहले क्या दिखाई दे रहा है? तो अलग-अलग जवाब आएँगे। जैसे कोई कहेगा कि 'सुदर्शन चक्र घूम रहा है और उसके बीच में मुरली है...।' कोई कहेगा, 'मुरली के ऊपर सुदर्शन चक्र घूम रहा है...।' इस उदाहरण में मुरली भक्ति का प्रतीक है और सुदर्शन चक्र शक्ति का।

अब इस उदाहरण का असली सवाल भी समझें। असली सवाल है कि चित्रों में वर्णित दोनों आकृतियों में से आपकी नजर पहले किस पर जाती है- भक्ति पर या शक्ति पर? आपको क्या ज्यादा आकर्षित करता है?

तात्पर्य- अब तक आप माया में रहते हुए शक्ति को ही देखते आए हैं लेकिन अब आपको अपना नजरिया बदलना है। भक्ति के लिए शक्ति काम करे, शक्ति के लिए भक्ति नहीं। यह याद दिलाने के लिए कई सारे उदाहरण बताए जाते हैं, जिसमें भक्ति एवं शक्ति की अवस्था को प्रतीकों के माध्यम से दर्शाया जाता है। उपरोक्त उदाहरण में मुरली देखते ही समझ में आ जाता है कि यह भक्ति का प्रतीक है क्योंकि यह खाली है और इसके अंदर से सुर निकलते हैं। इसका अर्थ है- जब आप अपने मन को नकारात्मक विचारों एवं वृत्तियों से खाली करेंगे तभी वह मुरली बनकर, सही भक्ति कर पाएगा। अर्थात खाली होकर ही खाली होने का महत्त्व पता चलता है।

ढोलक भी अंदर से खाली होती है मगर वह दोनों तरफ से बंद होती है। इन वाद्यों की तरह ही लोग भी अलग-अलग प्रकार के होते हैं। कोई इंसान मुरली की तरह होगा, कोई ढोलक की तरह तो कोई सारंगी की तरह। सब अलग-अलग तरीके से अपनी-अपनी अभिव्यक्ति करते हैं। सभी में भक्ति और शक्ति का संतुलन अलग-अलग होगा। ऐसे में आपको यह याद रखना है कि शक्ति कभी भी भक्ति से ज्यादा न होने पाए।

अध्याय 22

भक्ति में माया से विकर्षण

आकर्षण का नियम

भक्ति ईश्वर की वह नियामत है, जिसके जरिए इंसान हर स्तर पर निखर जाता है। आध्यात्मिक प्रगति के साथ-साथ इंसान मानसिक, सामाजिक, आर्थिक और शारीरिक स्तर पर भी उन्नत हो जाता है। भक्ति में इंसान आराम सीमा के भी पार चला जाता है।

आराम सीमा यानी एक मर्यादित कार्य करने के बाद मन कहे कि 'आज के लिए इतना काम काफी हो गया, अब मैं इससे ज्यादा नहीं कर सकता।' रोज के नियमित कार्य होने के बाद अगर कोई नया कार्य करना हो तो आपका मन उसे तुरंत रोक देता है मगर भक्ति की शक्ति की वजह से आप एक कदम और आगे चलते हैं। इस वजह से आप आराम सीमा के पार जाकर अपनी क्षमता को पहचान पाते हैं।

जिनके अंदर ईश्वर प्राप्ति की इच्छा जगी है, वे ही यह सौगंध खाते हैं कि 'मेरे जीवन का खाली समय केवल ईश्वर के लिए ही होगा। बाकी समय में मैं अपने सारे काम पूरे कर लूँगा।' वरना इंसान खाली समय को कभी खाली न रखकर, किसी न किसी चीज से भर देता है। उदा. टी.वी., पार्टी, पिकनिक आदि। जबकि आप अपने खाली समय में ईश्वर से बातचीत तथा ध्यान कर,

प्रार्थना बीज डाल सकते हैं। कहने का अर्थ है कि यदि आप सिर्फ अपना खाली समय ईश्वर को दे सकें तो इसी से आपके जीवन में सकारात्मक बदलाव होगा।

इतिहास में ऐसे अनेक लोगों के उदाहरण मौजूद हैं, जिन्होंने खुद को ही यह वचन दिया कि 'मेरा खाली समय पूरी तरह से ईश्वर का होगा।' उस खाली समय में उन्होंने विश्वास बीज डाला, भक्ति की, ध्यान किया, मनन-पठन किया और खोज की । अगर आप भी बाकी समय नहीं दे पा रहे हैं तो कोई बात नहीं लेकिन खाली समय तो ईश्वर के लिए जरूर रखें। इसी से एक नया भविष्य तैयार हो सकता है, जो असल में ईश्वर की ही चाहत है।

यदि आप प्रेम, आनंद, मौन, ज्ञान, ध्यान को अपने जीवन में लाने के लिए वचनबद्ध हो जाएँ तो आपके लिए नया एवं उज्ज्वल भविष्य तैयार हो सकता है। जैसे किसी को सिगरेट पीने की आदत है तो वह कसम खाएगा कि 'आगे से मैं सिगरेट नहीं पीऊँगा।' इसी तरह किसी को चोरी करने की आदत होती है... किसी को रेसकोर्स में जाने की आदत होती है... किसी को शराब पीने का तो किसी को ज्यादा खाने का व्यसन होता है... लोग ऐसे ही कई सारे व्यसनों में उलझे रहते हैं। यदि आपमें भी कोई व्यसन हो तो खुद से कहें, 'आज मुझे अपने व्यसन को भक्ति की शीतल अग्नि में जला देना है।' भक्ति आपको व्यसन छोड़ने की शक्ति भी देती है क्योंकि भक्ति आपका ध्यान माया से हटा देती है।

आकर्षण-विकर्षण का नियम

भक्ति आपके अंदर माया के प्रति विकर्षण (दूर जाने की भावना) पैदा कर देती है। जिस तरह आकर्षण का एक नियम होता है, उसी तरह विकर्षण का भी एक नियम है। आकर्षण का नियम ध्यान के लिए और विकर्षण का नियम माया से ध्यान हटाने के लिए होता है। यदि भक्ति को साथ लेकर आप माया में जाते हैं और आपको एक ऐसा शब्द सुनाई देता है, जो सत्य की याद दिलाए तो तुरंत आपकी आँखों से भक्ति के आँसू निकलने लगते हैं। मान लें, कभी आप टी.वी. पर क्रिकेट देख रहे हैं और आपकी आँखों से आँसू निकल आए तो आप कहेंगे, 'मैं क्रिकेट का आनंद नहीं ले पा रहा हूँ क्योंकि मेरा ध्यान

बार-बार भक्ति की ओर जा रहा है, हर चौके-छक्के पर मुझे ईश्वर ही याद आ रहा है, ध्यान करना याद आ रहा है।' इसी को विकर्षण का नियम कहते हैं। ऐसा हो रहा है तो इसका अर्थ है कि आपके जीवन में विकर्षण का नियम काम कर रहा है और भक्ति इतनी बढ़ रही है कि माया से ध्यान हट पा रहा है।

जब इंसान ध्यान में बैठता है तो उसे अलग-अलग विचार आते हैं। इसका अर्थ होता है कि उस इंसान का अनुभव से ध्यान हट रहा है। जबकि भक्ति में ठीक इसके विपरीत होता है। भक्ति हो तो माया में रहते हुए भी आपका ध्यान सत्य की ओर ही जाता है क्योंकि भक्ति में विकर्षण का नियम काम करता है। कभी-कभी माया में ध्यान जाता है लेकिन आपकी भक्ति इतनी बढ़ी हुई होती है कि माया से आपका ध्यान अपने आप ही पूरी सहजता व प्रेम के साथ हट जाता है।

विकर्षण का यह नियम आपके जीवन में भी काम करे। आप जीवन में जो चीजें पाना चाहते हैं, उनके लिए आकर्षण का नियम काम करता है। प्रार्थना करने के लिए आकर्षण के नियम का इस्तेमाल करें और माया से ध्यान हटाने के लिए विकर्षण का नियम अपनाएँ।

ऐसा न समझें कि विकर्षण के नियम के कार्य करने से आपको जीवन में सफलता प्राप्त नहीं होगी या जीने के लिए आवश्यक बातों से भी आपका ध्यान हट जाएगा। विकर्षण का नियम आपकी भक्ति बढ़ाने के लिए है। उसका असर आपकी सफलता पर नहीं होगा। सफलता पाने एवं जीवन में आगे बढ़ने के लिए आकर्षण के नियम का जरूर उपयोग करें। केवल इस बात का ध्यान रखें कि माया की बातों में अटककर आपकी आध्यात्मिक उन्नति न रुके।

सच्ची भक्ति साधना

लोग माया में जाकर तरह-तरह की प्रार्थनाएँ करते हैं कि 'मुझे यह मिले, वह मिले' और इस तरह वे जीवनभर उसी में फँसे रहते हैं। आपको उसका इस्तेमाल भी भक्ति बढ़ाने हेतु करना चाहिए। आकर्षण के नियम का इस्तेमाल आपको दिव्य प्रार्थना (टॉस) के लिए करना चाहिए और विकर्षण के नियम का इस्तेमाल इस तरह करना चाहिए कि माया से आपका ध्यान स्वतः ही हट जाए।

यदि आप ऐसा कर पाएँ तो माया से आपका मन अपने आप ही हट जाएगा। यह एक नियामत जैसा है और इसके लिए आपको बस भक्ति का एक बीज डालना पड़ता है।

जिनके जीवन में भक्ति ने काम किया है, वे लोग आज उन घटनाओं को याद करके इतराते हैं, जब वे अभ्यास, संघर्ष और साधना कर रहे थे। क्योंकि पहले मन के प्रलोभनों को हटाना सबसे ज्यादा कठिन लगता है। जैसे इतनी अच्छी चीजों से हम अपना ध्यान कैसे हटाएँ... इतना अच्छा स्वाद... इतनी अच्छी फिल्म... इतनी अच्छी तारीफ... इतने अच्छे ड्रेसेस... इतना अच्छा क्रेडिट... वगैरह वगैरह। शुरुआती दौर में इनसे ध्यान हटाना कठिन लगता है। जब आप धीरे-धीरे भक्ति साधना में अभ्यस्त हो जाएँगे, पूरी तरह पक जाएँगे तो ये कठिनाइयाँ आपको आसान लगने लगेंगी, बशर्ते यह निरंतर हो क्योंकि निरंतरता सफलता की कुंजी है।

खंड ४

नारद और रिस्क फ्री भक्ति

क्या भक्ति से आध्यात्मिक यात्रा सरल हो जाती है?

भक्ति से आध्यात्मिक यात्रा केवल सरल ही नहीं होती, बल्कि सुरीली भी हो जाती है। आप चाहें तो अंतिम सत्य ज्ञान से भी प्राप्त कर सकते हैं। उसके लिए आपमें सत्य के प्रति उतनी तीव्र प्यास भी चाहिए।

भक्ति में आप सुर के साथ, हँसते-गाते, मस्ती में अंतिम सत्य प्राप्त करते हैं। ज्ञान के साथ गहराई और सजगता से काम करना जरूरी है, क्योंकि ज्ञान में उलझने की संभावना अधिक होती है।

अध्याय 23

नारद की परीक्षा

दिव्य योजना

पौराणिक कथा–कहानियों में दर्ज भक्ति–गाथा की सूची में संत मीरा, संत एकनाथ और रामभक्त हनुमान की तरह ही ऋषी मुनि नारद का नाम भी जरूर लिया जाता है। नारद को भगवान विष्णु का परम भक्त कहा जाता है, उनकी जुबान पर हर समय 'नारायण नारायण' का जाप ही रहता है।

नारद की इस कहानी में भक्तों के लिए कुछ संकेत दिए गए हैं। इन संकेतों पर मनन करके भक्त अपनी गलतियाँ सुधारकर, भक्ति की शिखर पर पहुँच सकते हैं। तो आइए, संकेतों को पकड़ने का प्रयास करते हुए यह कहानी पढ़ते हैं।

घूमना–फिरना भक्त नारद का स्वभाव कहा जाता है, वे सारे लोकों का भ्रमण करते हुए देखते रहते हैं कि कहाँ क्या हो रहा है, कौन क्या कर रहा है। फिर वे भगवान विष्णु के पास जाकर उन्हें सारी खबर देते हैं।

एक बार नारद हिमालय पर गए हुए थे, जहाँ उन्हें एक गुफा दिखाई दी। उस गुफा में भगवान शिव ने कई हजार सालों तक ध्यान और तप किया था। गुफा को देखकर नारद के मन में भी वहाँ बैठकर

ध्यान करने की इच्छा जाग्रत हुई। वे वहाँ ध्यान करने बैठ गए और कई सालों तक ध्यान करते रहे। नारद की तपस्या से देवों के देव इंद्र को अपना सिंहासन छिनने का खतरा महसूस होने लगा।

आपने अधिकतर पौराणिक कथाओं में ऐसा ही पढ़ा या सुना होगा कि जब भी कोई देव, असुर, मानव, ऋषी-मुनि आदि घोर तपस्या करने लगते हैं तो सबसे पहले इंद्र का सिंहासन डोलने लगता है। वह उनकी तपस्या से विचलित होकर देव लोक के सिंहासन को लेकर असुरक्षित महसूस करने लगता है। उसे लगने लगता है कि कहीं ध्यान की शक्ति से कोई मेरा सिंहासन न छीन ले। असल में इंद्र इंसान की इंद्रियों का प्रतीक है। जब भी इंसान भक्ति और ध्यान की गहराइयों में उतरता है तो सबसे पहला खतरा उसकी इंद्रियों को महसूस होता है। उन्हें लगता है कि इस इंसान पर अब हमारा राज नहीं चलेगा। जब भी आप ध्यान में बैठें और अचानक आपकी आँख खुल जाए तो समझ जाएँ कि इंद्र (इंद्रियाँ) परेशान हो रहा है। उदाहरण के लिए ध्यान में बैठने के थोड़ी देर बाद यदि आपकी आँखें खुल जाएँ... या कान को कोई अलग सी आवाज सुनाई दे... या आपके हाथ खुल जाएँ... या शरीर थोड़ा हिले-डुले... या नाक को कोई सुगंध विचलित करे, महसूस हो... कुछ खाने की इच्छा जगे... प्यास लगे... या ऐसा ही कुछ और हो तो समझ जाएँ कि ये सब आपकी इंद्रियों की ही कारस्तानी है क्योंकि इंद्र घबरा गया है और उसका सिंहासन डोलना शुरू हो गया है।

आगे की कहानी इस प्रकार है, जब इंद्र का सिंहासन डोलने लगा तो उन्होंने कामदेव को बुलाकर, उसे नारद की ध्यान-तपस्या भंग करने का आदेश दिया। इस तरह की अन्य कहानियों में भी आपने ऐसा ही पढ़ा होगा कि अपने सिंहासन को बचाने के लिए इंद्र हमेशा अप्सराओं और कामदेव की सहायता लेता है।

इन कहानियों में अप्सराएँ, माया के आकर्षण का और कामदेव कामनाओं, वासनाओं का प्रतीक है। जब ध्यान करते वक्त अचानक मन में कामनाएँ, वासनाएँ जगने लगे, ध्यान माया की तरफ जाने लगे, इंद्रियाँ हरकत में आने लगें तो समझ जाएँ कि इंद्र के सेवकों ने आपके ध्यान पर हमला बोल

दिया है ताकि आपका (आप जो हकीकत में हैं, सेल्फ का) तप भंग किया जा सके। आप ध्यान में अपना अनुभव न कर पाएँ, क्योंकि अगर ऐसा हो गया तो आप अपनी वास्तविकता जान जाएँगे और आपके ऊपर इंद्रियों का राज समाप्त हो जाएगा। दरसल ऐसी हर कहानी किसी और की नहीं बल्कि आपकी अपनी ही कहानी है, कहानी की हर घटना आपकी आंतरिक घटना है।

कहानी में आगे, कामदेव नारद मुनि के पास गए लेकिन बहुत कोशिश करने के बाद भी वे नारद की भक्ति और ध्यान को हिला नहीं पाए और हार गए। जब नारद ध्यान से उठे तब उन्होंने कामदेव का अभिनंदन कर, उन्हें धन्यवाद दिया। कामदेव को नारद के इस व्यवहार से बहुत आश्चर्य हुआ। क्योंकि कुछ लोग दिन-रात काम (कामना) के पीछे भागते हैं और कुछ लोग उसे अपना शत्रु मानकर उससे घृणा करते हैं यानी दोनों तरफ से काम के बारे में लोगों का दृष्टिकोण अति का होता है। लेकिन नारद ने ऐसा कुछ भी नहीं किया, उन्होंने तो कामदेव का स्वागत-सत्कार करके, उन्हें आदर के साथ वापस भेज दिया। इस तरह न तो वे काम में उलझे, और न ही उससे द्वेष भाव रखा। नारद जानते थे कि यदि वे कामदेव से लड़ेंगे तो भी उलझेंगे और यदि भागेंगे तो भी उलझेंगे। इसलिए उन्होंने मध्यम मार्ग अपनाकर, कामदेव के चक्कर में फँसनेवाली सारी संभावनाओं को एक साथ खत्म कर दिया।

कामदेव वहाँ से प्रसन्नतापूर्वक चले आए और इंद्र को जाकर बताया कि 'नारद की भक्ति और ध्यान, दोनों सच्चे हैं, उन्होंने काम पर विजय प्राप्त की और मेरे साथ अच्छा व्यवहार भी किया, जबकि भगवान शिव ने तो मुझे जला ही डाला था।' असल में नारद को यह बात पता नहीं थी कि भगवान शिव ने कामदेव को जलाकर भस्म कर दिया था। पर जब कामदेव की पत्नी रति ने करुण प्रार्थना की तो भगवान शिव ने उसे पुनः जीवन देकर कहा था कि 'श्रवण, सेवा, भक्ति के त्रिकोण में रहनेवाले भक्त पर तुम्हारा असर नहीं होगा। इस त्रिकोण के बाहर ही तुम्हारा असर होगा, अंदर नहीं।'

इस कहानी द्वारा आपको श्रवण, सेवा, भक्ति के त्रिकोण के महत्त्व के बारे में बताया गया है। जब तक इंसान इस त्रिकोण में रहता है तब तक कामनाएँ, वासनाएँ उस पर हावी नहीं हो पातीं। वह अपनी इंद्रियों का मालिक होता है, गुलाम नहीं। मगर इस त्रिकोण से बाहर निकलते ही इंद्रियाँ, मायावी आकर्षण और कामनाएँ उसे अपने जाल में फँसा लेती हैं। अब थोड़ी देर के लिए इस पुस्तक को नीचे रखकर मनन करें कि 'मेरे जीवन में श्रवण, सेवा, भक्ति का त्रिकोण कितना कार्य कर रहा है?... आज की तारीख में इस त्रिकोण का कौन सा कोना कमजोर है और कौन सा सबसे अधिक मजबूत है?... हर पल सत्य के त्रिकोण में कैसे रहें?...हम अपने लिए ऐसी कौन सी व्यवस्था करके रखें, जो हमें यह त्रिकोण लाँघने से रोके...। आइए, अब आगे की कहानी पढ़ें।

> भगवान शिव ने कामदेव पर विजय प्राप्त की इसलिए कामदेव को उनकी बात स्वीकार करनी पड़ी । यही वजह है कि कामदेव नारद के ध्यान में विघ्न नहीं डाल पाए क्योंकि वे शिव की तपस्थली पर ध्यान कर रहे थे, जो कि ध्यान के लिए सुरक्षित धरातल था। उस भूमि पर कामदेव बेअसर थे। इस रहस्य से बेखबर नारद इस गलतफहमी का शिकार हो गए कि उन्होंने अपने तपोबल से कामदेव पर विजय प्राप्त की।

सुरक्षित वातावरण का महत्त्व

नारद ने जिस स्थान और वातावरण में ध्यान किया था, वह उनके लिए सुरक्षित था इसलिए उनके लिए कई साल तक ध्यान करना संभव हो सका। ऐसे सुरक्षित वातावरण में यदि किसी का ध्यान हो पाता है तो बाहर (माया) के वातावरण में ध्यान करने की संभावना बढ़ जाती है। लेकिन यदि कोई सुरक्षित वातावरण में भी ध्यान नहीं कर पाया तो यह सोचना भी व्यर्थ है कि वह बाहर के वातावरण में ध्यान कर पाएगा।

सत्य की दुनिया का वातावरण काफी सुरक्षित होता है। सत्य के खोजियों की चेतना का स्तर भी आम इंसान के मुकाबले उच्च होता है इसलिए किसी घटना में वे गलती करनेवाले को तुरंत माफ कर, उसे सुधरने और प्रशिक्षित होने

का मौका भी देते हैं। सुरक्षित वातावरण में सब कुछ सहजता से स्वीकार होता है क्योंकि उस धरा (पृष्ठभूमि) पर सभी को एक ही सीख (टीचिंग) मिलती है। इसीलिए कहा जाता है कि भक्तों के बीच आप सुरक्षित वातावरण में होते हैं।

पवित्र स्थान से मिली प्रेरणा

भगवान शिव की तपस्थली पर पहुँचते ही नारद के भीतर तपस्या करने की इच्छा क्यों जगी? इसका भी कारण है। आपने सुना होगा कि लोग आज भी उस बोधिवृक्ष के दर्शन करने जाते हैं, जिसके नीचे भगवान बुद्ध को आत्मसाक्षात्कार प्राप्त हुआ था। लोग वहाँ जाकर उस वृक्ष के नीचे बैठते हैं क्योंकि उन्हें पता है कि यह स्थान कितना पवित्र और ध्यान करने के लिए कितना सुरक्षित है। इसीलिए उनमें भी ध्यान में बैठने की इच्छा जाग्रत हो जाती है। लेकिन यदि किसी इंसान में ऐसी जगहों पर जाकर भी ध्यान करने की इच्छा न जग रही हो तो भला बाकी जगहों पर कैसे जगेगी? माया के स्थानों पर और टी.वी. के सामने बैठकर ध्यान कैसे होगा? हालाँकि आपको यही सीखना है कि टी.वी. के सामने बैठकर भी ध्यान हो सके यानी माया में भी ध्यान संभव हो ताकि आप हर जगह ध्यान कर सकें। ऐसे में यदि टी.वी. पर क्रिकेट मैच चल रही हो और फिर भी आपने ध्यान करने के लिए अपनी आँखें बंद कर रखी हों तो इसका अर्थ हुआ ध्यान करने की शुभ इच्छा आपसे हर परिस्थिति में ध्यान करवाती है। आगे कहानी में आपको पता चलेगा कि भक्त की परीक्षा कैसे होती है।

एक पंक्ति से भक्त की परीक्षा

सुरक्षित वातावरण में की गई तपस्या के प्रभाव से नारदमुनि ने काम पर विजय प्राप्त कर ली। इस घटना के बाद नारद भगवान शिव के पास गए और उन्हें सारी बात बताई कि 'कामदेव ने मेरी तपस्या भंग करने की कोशिश की थी। लेकिन मैंने उसे टालकर वापस भेज दिया।' यह सुनकर भगवान शिव ने नारद की खूब तारीफ की। भगवान शिव के मुँह से अपनी तारीफ सुनकर नारद बहुत खुश हुए लेकिन जाते-जाते भगवान शिव ने नारद से एक आखिरी पंक्ति कही कि 'ये सब बातें तुम भगवान विष्णु को मत बताना।' यह

आखिरी पंक्ति एक महत्वपूर्ण आज्ञा थी, जो नारद की परीक्षा लेने के लिए कही गई थी। लेकिन उस समय नारद इतने आत्ममुग्ध थे कि उस आज्ञा का आशय समझ न सके।

आपने अपने जीवन में भी ऐसा होते हुए देखा होगा जैसे कि आपने अपने मित्र को बताया, 'फलाँ काम मैंने बहुत अच्छी तरह से किया।' जिससे आपको बहुत सारी तारीफें और शाबासी मिली। लेकिन फिर जाते-जाते वह मित्र आपसे कह गया कि 'किसी को बताना मत कि ये सब तुमने किया है।' यह सुनकर आपकी खुशी समाप्त हो जाती है क्योंकि आप तो हर किसी को अपनी उपलब्धि का बखान करना चाहते थे।

गुरुजी भी ठीक यही करते हैं। खोजी आकर बताता है कि 'हमने सेवा में ऐसा किया... वैसा किया... अब हम आगे ऐसा-ऐसा करनेवाले हैं, हमारी फलाँ-फलाँ योजनाएँ हैं।' ये सब सुनकर पहले तो गुरुजी बहुत तारीफ करते हैं लेकिन बाद में यह भी कह देते हैं कि 'इस काम का श्रेय तुम मत लेना।' अब जरा आप ही सोचिए कि ऐसे में उस इंसान की क्या हालत होती होगी? उसे तो यही लगता होगा कि 'ये एक अच्छी खबर थी इसलिए मैं सबसे पहले गुरुजी को सुनाने आया और अब गुरुजी ने ऐसी आज्ञा दे दी कि सारी खुशी समाप्त हो गई।' दरअसल इसका कारण यह है कि इंसान का अहंकार तुरंत सभी को यह बताना चाहता है कि 'देखो-देखो मैंने क्या-क्या किया है।' क्योंकि वह काम का श्रेय (क्रेडिट) लेकर मोटा होना चाहता है। उसे इसी में संतुष्टि मिलती है। हालाँकि गुरुजी सभी को श्रेय न लेने की आज्ञा नहीं देते बल्कि सिर्फ उसे ही ऐसी आज्ञा देते हैं, जिसमें आगे का ज्ञान पाने के लिए पात्रता तैयार हो चुकी हो, जिसका अहंकार भक्ति में झुकने के लिए तैयार हो और जो इस आज्ञा को सही मायने में समझ सके। ऐसे शिष्य के लिए यह एक सकारात्मक संकेत है। उसे समझ में आ जाएगा कि 'गुरुजी मुझे श्रेय से बचाकर मेरे अहंकार को मोटा होने से रोक रहे हैं क्योंकि अहंकार भक्ति में सबसे बड़ी बाधा है।

कई लोगों को गुरुजी यह भी कहते हैं कि 'हाँ, तुमने बहुत अच्छा किया, अब जाओ और सबको बताओ।' क्योंकि वह इंसान यही सुनना चाहता है।

ऐसा अकसर शुरुआती दौर में होता है, जब इंसान को तारीफों से ही काम करने की प्रेरणा मिलती है। वह सुनना चाहता है कि 'मैं गुरुजी के पास जाऊँ तो वे कहें कि 'अरे, इतने दिन कहाँ थे? मैं तो कबसे तुम्हारी राह देख रहा था।' लोग गुरुजी द्वारा कही हुई ऐसी पंक्तियों को भी सभी के सामने दोहराते रहते हैं कि 'देखो, गुरुजी ने मुझसे कहा कि वे तो बस मेरा ही इंतजार कर रहे थे। बिलकुल वैसे ही जैसे विवेकानंद का इंतजार रामकृष्ण परमहंस कर रहे थे।' इस बात से आपको बस यही समझना है कि सिर्फ एक पंक्ति से भक्त की परीक्षा कैसे होती है।

नारद को शिवजी की कही हुई अंतिम पंक्ति पसंद नहीं आई। उससे नारद के मन में यही खयाल आया कि 'जब मैं भगवान विष्णु को हर बात बताता हूँ तो भला अपनी इतनी बड़ी उपलब्धि के बारे में क्यों न बताऊँ?' यही सब सोचते-सोचते नारद भगवान विष्णु के पास पहुँचे और एक-एक करके उन्हें सब कुछ बता दिया। इस तरह उनसे शिवजी द्वारा मिली आज्ञा टूट गई। यह सब शिवजी की लीला का ही हिस्सा था ताकि इसे समझकर आपको अपने बारे में कुछ नई बातें पता चल सके।

हरेक के साथ ऐसी ही आंतरिक लीलाएँ लगातार चलती रहती हैं। मन चाहता है कि 'मैं यह करूँ, वह करूँ' और आप उसे समझाते हैं कि 'नहीं, इसकी कोई जरूरत नहीं है, श्रेय मत लो, तुम अपनी पूर्व अवस्था में चले जाओ' वगैरह वगैरह। इसका अर्थ ही है कि ज्ञानी होकर भी, आपको पूर्व अवस्था में जाकर भक्ति की याचना करनी चाहिए। ज्ञानी बनकर भी अज्ञानी बने रहना है। हालाँकि यह तार्किक नहीं लगता, फिर भी आपको ऐसा ही करना है, दिखावटी ज्ञानी होने से बचना है।

नारद ने जब भगवान विष्णु को सब कुछ बताया तो उन्होंने भी नारद की तारीफ की और कहा कि 'तुमने बहुत अच्छा किया।' फिर नारद ने उनसे जाने की आज्ञा माँगी और कहा कि 'मैं पृथ्वी लोक पर जाकर देखता हूँ कि जो लोग पृथ्वी पर ध्यान नहीं कर रहे

हैं, वे किन परेशानियों में हैं।' भगवान विष्णु से आज्ञा लेकर नारद पृथ्वी पर आए, जहाँ उन्हें एक नई जगह दिखाई दी। यह एक बहुत सुंदर राज्य था, जिसे देखकर नारद को काफी आश्चर्य हुआ क्योंकि इसके पहले कभी भी उन्हें वह राज्य दिखाई नहीं दिया था। उन्होंने खुद से पूछा, 'मैं इतनी बार यहाँ से गुजरा, लेकिन आज से पहले यह राज्य मुझे क्यों नहीं दिखाई दिया?' इसी आश्चर्य के साथ वे उस राज्य में पहुँचे। वहाँ उन्होंने देखा कि राजा की बेटी के स्वयंवर की तैयारियाँ चल रही हैं। नारद राजा के पास पहुँचे, राजा ने उनका खूब आदर-सत्कार किया। फिर नारद ने राजा की बेटी की कुंडली देखनी चाही। नारद ने कुंडली देखी तो पाया कि इस राजकुमारी से जो भी विवाह करेगा, वह अमर हो जाएगा और उसे सर्वश्रेष्ठ पद प्राप्त होगा। यह जानकर नारद के भीतर भी राजकुमारी से विवाह करने की इच्छा जाग्रत हो गई। वे उस राजा से बिना कुछ कहे सीधे भगवान विष्णु के पास पहुँच गए।

उन्होंने भगवान विष्णु से कहा, 'आप मुझे कुछ देर के लिए अपना रूप-लावण्य दे दीजिए ताकि मैं भी उस स्वयंवर में हिस्सा ले सकूँ।' नारद जानते थे कि भगवान विष्णु सबसे आकर्षक हैं और यदि उनका रूप मिल जाए तो वे उस राजकुमारी से आसानी से स्वयंवर रचा सकेंगे। इस स्वयंवर में हिस्सा लेने के पीछे वास्तव में नारद की अमर बनने की इच्छा थी।

नारद की याचना सुनकर भगवान विष्णु ने उनसे कहा कि 'जैसे एक चिकित्सक रोगी की रोग से बाहर आने में मदद करता है, उसी तरह मैं भी तुम्हारी मदद करूँगा।' लेकिन नारद को भगवान विष्णु की बात का असली आशय समझ में नहीं आया। वे तो इस बात से बहुत खुश हो गए कि भगवान विष्णु उन्हें अपना रूप-लावण्य देने को तैयार हो गए हैं। आखिर भगवान विष्णु ने नारद को अपना रूप तो दे दिया लेकिन उनका चेहरा बंदर का बना दिया। नारद अपने हाथ-पैर देखकर बड़े खुश हो रहे थे लेकिन उन्हें पता ही नहीं चला

कि शरीर तो विष्णु जैसा सुंदर मिला है लेकिन शक्ल बंदर की हो गई है। इतना सब होने के बाद भी नारद को समझ में नहीं आया कि उनकी परीक्षा ली जा रही है। उन्होंने इस बारे में जरा भी विचार नहीं किया कि पृथ्वी पर जो राज्य अब तक नहीं था, वह अचानक कैसे निर्मित हो गया। दरअसल यह सब उन्हें इसीलिए दिखाई नहीं दे रहा था क्योंकि अब उन पर सिर्फ राजकुमारी से विवाह करके अमर होने की धुन सवार थी।

यह इंसान की प्रवृत्ति होती है, जब भी वह कोई ऐसी आकर्षक चीज देखता है, जो उसके पास नहीं है तो तुरंत उसके अंदर से प्रार्थना उठती है कि 'यह मेरे पास भी हो।' जब तक इंसान वह दृश्य नहीं देखता तब तक वह शांत और शुद्ध रहता है। जैसे ही उसे कोई दृश्य दिखाई देता है तो उसे लगता कि 'काश ऐसा मेरे साथ हो जाए... यह मुझे मिल जाए।' जबकि वास्तव में होना यह चाहिए कि इंसान दृश्य देखकर, कुछ सोचने से पहले ही सजग हो जाए। यदि पहले सजग नहीं हो सका तो कम से कम बाद में तो सजग हो जाए। उसे स्वयं से पूछना चाहिए कि 'क्या वाकई मैं यही चाहता हूँ या नहीं? क्या यही मेरा लक्ष्य है? यह बात मेरे लक्ष्य के सम रूप हो रही है या नहीं?'

बताने का तात्पर्य- आगे से जब भी आप कुछ ऐसा देखें और आपके मन में उसकी प्राप्ति की इच्छा जगे तो समझ जाएँ कि आपसे अनजाने में प्रार्थना उठ रही है। उस समय सजग होकर खुद से कहें कि 'क्या मुझे वाकई में फलाँ चीज चाहिए या बस एक क्षण के लिए ही वह अच्छी लगी और उसे पाने के लिए प्रार्थना हो गई।' यदि वह चीज आपको अपने लक्ष्य के हित में नहीं लगती तो तुरंत उस प्रार्थना को कैन्सल करें और कहें कि 'दिव्य योजना अनुसार ही मेरे जीवन में हर चीज आए।' इन बातों का इतना जोरदार अभ्यास होना चाहिए कि भले ही आप माया में कहीं पर भी जाएँ मगर आपके द्वारा ऐसी कोई प्रार्थना न हो, जो आपको लक्ष्य से दूर ले जाए। आइए, अब आगे की कहानी समझते हैं।

चूँकि नारद राजकुमारी से अपने असली वेश में शादी नहीं कर सकते थे इसलिए उन्होंने स्वयंवर में, भगवान विष्णु का वेश बनाकर

आने की योजना बनाई। ताकि राजकुमारी उनका ही चुनाव करे। इन सब बातों के बीच नारद को पता ही नहीं चला कि यह सब भगवान विष्णु की ही लीला चल रही है और वह राज्य, स्वयंवर सब कुछ नकली है। भगवान विष्णु भी एक राजा का रूप लेकर उस स्वयंवर में पहुँच गए। लेकिन उनकी उपस्थिति का नारद को पता ही नहीं चला।

अब आप समझ सकते हैं कि इस कहानी में आगे क्या हुआ होगा। जब राजकुमारी ने नारद का चेहरा देखा तो वह मुँह टेढ़ा करके आगे चली गई क्योंकि वह तो बंदर का चेहरा था। आगे बढ़कर राजकुमारी ने भगवान विष्णु के गले में वरमाला डाल दी। इससे नारद को बड़ा क्रोध आया, दुःख भी हुआ कि आखिर ऐसा कैसे हो गया। तभी नारद के बगल में खड़े एक प्रतियोगी वर ने नारद से कहा कि 'दुःखी क्यों हो रहे हो, क्या तुमने अपना चेहरा देखा है, तुम्हें कोई राजकुमारी अपना वर कैसे बनाएगी?' यह सुनकर जब नारद ने पानी में अपने चेहरे की छाया देखी तब उन्हें वास्तविकता समझ आई कि भगवान विष्णु ने उन्हें धोखा दिया है। इस बात पर उन्हें बहुत क्रोध आया।

वे क्रोध में भगवान विष्णु के पास पहुँचे तो देखा कि वे उसी राजकुमारी से शादी करके अभी-अभी वापस आए हैं। यह देखकर नारद का क्रोध और बढ़ गया, जिस कारण उन्होंने भगवान विष्णु को शाप दे डाला कि 'आप भी मेरी तरह पत्नी के लिए तड़पेंगे।' इसी शाप के कारण भगवान विष्णु को रामावतार के समय सीता वियोग सहना पड़ा। इस घटना से यह साबित होता है कि नारद अपनी परीक्षा में पूरी तरह असफल हो गए। क्रोध और अहंकार में उन्होंने अपने आराध्य देव को ही शापित कर डाला।

उपरोक्त घटना द्वारा यह संकेत दिया जा रहा है कि यदि कोई सत्य का प्रेमी सत्य सुनने के लिए सत्संग में जाए और किसी बात से उसके अहंकार को चोट पहुँचे तो वह सत्संग जाना ही बंद कर दे। यहाँ तक तो ठीक है लेकिन

यदि वह उस सत्संग के खिलाफ काम करने लग जाए और कोशिश करने लगे कि अब आगे कभी उस सत्संग का आयोजन ही न हो सके तो फिर आप भी यही कहेंगे कि 'यह तो हद दर्जे की मूर्खता है, उसे ऐसा नहीं करना चाहिए था।'

नारद के साथ भी यही हुआ तभी तो उन्होंने भगवान विष्णु को शाप दिया। जब भगवान विष्णु ने उनके सामने पूरा रहस्य उजागर किया तब नारद की आँखें खुली। नारद ने देखा कि राजकुमारी और उसका राज्य सब गायब हो गए क्योंकि असल में तो वह सब था ही नहीं, वह तो बस भगवान विष्णु की लीला का एक हिस्सा था। ये सब देखकर नारद को बहुत पछतावा हुआ और उन्होंने भगवान विष्णु से अपने व्यवहार के लिए क्षमा माँगी। उन्हें समझ आ गया कि वे अपनी परीक्षा में असफल हो गए हैं।

> नारद इस बात को लेकर चिंतित थे कि उन्होंने भगवान विष्णु को शाप दिया है। इस पर भगवान विष्णु ने उनसे कहा, 'शाप के बारे में तुम चिंता मत करो, वह तो बस एक अभिव्यक्ति होगी क्योंकि सीता के लिए तड़पने का अर्थ है, सत्य के लिए तड़पना। उससे तो आनंद ही मिलेगा।'

वास्तव में ईश्वर भी सत्य के लिए तड़पना चाहता है। हर इंसान और हर भक्त के द्वारा ईश्वर खुद ही तो अनुभव ले रहा है। जिस तरह सीता के लिए प्रभु राम की तड़प थी, वैसे ही सत्य के लिए ईश्वर की तड़प है। इससे आप समझ सकते हैं कि भगवान विष्णु खुद को मिले हुए शाप को भी सकारात्मक तरीके से देख रहे थे।

खोज करनेवालों के लिए सब कुछ सकारात्मक ही होता है। उन्हें कुछ भी नकारात्मक नहीं लगता। यदि उन्हें शाप भी मिले तो वह वरदान बन जाता है और उन्हें उससे कोई नुकसान नहीं होता। यदि खोज न की जा रही हो और वरदान को सँभालने की समझ भी न हो तो वरदान भी अभिशाप बन जाता है।

नारद को ध्यान करने के लिए वह स्थान मिला, जहाँ पर भगवान शिव ने तपस्या की थी। ऐसी पवित्र जगह पर बैठकर ध्यान करना वरदान के समान ही तो था लेकिन नारद के लिए वह अभिशाप कैसे बना, यह आपने कहानी

में पढ़ लिया। इस छोटी सी कहानी में कई सारे गहरे संकेत थे, जिनमें सबसे महत्वपूर्ण संकेत था, भक्ति का क्रिया में आना आवश्यक है। यदि नारद ने शिव की आज्ञा का पालन किया होता तो बाकी का सारा खेल ही न हुआ होता। इसीलिए जीवन में खोज करना सबसे महत्वपूर्ण है। हमारे साथ घट रही हर घटना पर मनन करके खोज करने से ही हमें उनका असली उद्देश्य पता चलता है। कोई भी घटना हमारे साथ नहीं घटती बल्कि हमारे लिए घटती है, ताकि उसके बहाने हमें अपने अंदर झाँकने का मौका मिले, अपनी सोच और अपने कर्मों को जाँचने-परखने का मौका मिले। हमें पता चल पाए कि कहीं हमसे कोई गलती तो नहीं हो रही है। उदाहरण के लिए एक इंसान को किसी दिन कमर दर्द होता है और खोज करने पर उसे पता चलता है कि उसने बहुत दिनों से शारीरिक व्यायाम को नजरअंदाज किया हुआ है। इसलिए वह पुनः व्यायाम करना शुरू कर देता है। इस तरह से घटनाओं पर खोज करके हम अपने लिए सही चीजों का चुनाव कर, सही निर्णय ले सकते हैं।

उपरोक्त कहानी में 'आज्ञा पालन' के महत्त्व को भी उजागर किया गया। 'गुरु द्वारा मिली छोटी आज्ञा भी बड़े वृक्ष का फल है', इस दृढ़ता के साथ यदि कोई गुरु आज्ञा का पालन करे तो वह वर्तमान पल के साथ-साथ, अपने भविष्य को भी सँवारने में सफल फल का अधिकारी बन जाता है।

अध्याय 24

फ्री, रिस्क फ्री भक्ति

रिस्क फ्री कछुआ

कुदरत के नियमों के अनुसार आप पर राशि, ग्रहों–नक्षत्रों का कुछ असर तो हो रहा होता है लेकिन इसके बावजूद भक्ति की शक्ति आपको इन चीजों से बाहर लाने की क्षमता रखती है। भक्ति में सिर्फ भजन बनाना ही काफी नहीं है। हमारे जीवन में यदि भक्ति का प्रभाव हुआ है तो सामनेवाले के व्यवहार पर हमारा प्रतिसाद निर्भर नहीं रहेगा। हो सकता है आज की तारीख में हमसे सभी घटनाओं में बेशर्त प्रतिसाद न भी निकले मगर कुछ घटनाओं से तो शुरुआत करके, मुक्ति की ओर एक कदम बढ़ाया जा सकता है।

उदाहरण के लिए, आप कहीं जा रहे हैं और रास्ते में एक इंसान आपसे कहता है कि 'यह लो एक लाख रुपए और फलाँ इंसान को गाली देकर आओ।' हालाँकि आप जानते हैं कि गाली देना गलत है, फिर भी आप दुविधा में पड़ जाते हैं कि 'गाली दूँ या न दूँ।' फिर आप सोचते हैं,'यदि गाली देकर आऊँगा तो एक लाख रुपए मिलेंगे, छोटा सा काम है, चलो कर देते हैं।' यानी किसी बाहरी घटना ने आपकी सोच और निर्णय को बदल दिया।

यदि ऐसा होता है तो इसका अर्थ है कि आप खतरे में हैं। जिस दिन आप कह पाएँगे कि 'चाहे कुछ भी हो जाए, हम अपने निर्णय पर अटल रहेंगे...

किसी भी दुःख, लालच या दबाव में हमारा प्रतिसाद नहीं बदलेगा... हम जिस तरह जीने की ठान चुके हैं, वैसे ही जीएँगे... प्रतिकूल घटनाओं में भी हम बस भक्ति के रास्ते पर ही चलेंगे...' तब इसका अर्थ है कि आप 'रिस्क फ्री' यानी खतरे से बाहर हो गए हैं।

हमारी भक्ति दिन-ब-दिन हमारी सारी वृत्तियों को तोड़ेगी और हम सब रिस्क फ्री हो जाएँगे। आज़ाद हुए लोग ही विश्व के लिए कुछ सकारात्मक काम करते हैं और विकास की ओर एक नया कदम बढ़ाते हैं। बाकी लोगों को तो अपने दिनभर के कार्यों से ही फुरसत नहीं मिल पाती। वे सीमाओं से हटकर आगे का सोच ही नहीं पाते। इसलिए कई लोगों को फ्री और रिस्क फ्री होना है। उन लोगों के द्वारा जो निर्माण होगा, वही महानिर्वाण निर्माण के लिए अगला कदम बनेगा।

आपको खरगोश और कछुए की कहानी तो पता ही होगी। उन दोनों के बीच एक दौड़ प्रतियोगिता होती है, जिसमें उन्हें एक पेड़ तक पहुँचने का लक्ष्य दिया जाता है। प्रतियोगिता में कछुआ धीमे-धीमे चलता रहा लेकिन उसने निरंतरता से अपना कार्य किया। उसके अंदर कोई शंका नहीं आई कि 'मैं यह प्रतियोगिता जीत पाऊँगा या नहीं।' वह किसी फल की अपेक्षा किए बिना बस लगातार चलता रहा। इसके विपरीत खरगोश तेज गति से आगे बढ़ा लेकिन अपनी सुस्ती और अहंकार के कारण बीच में ही आराम करने के लिए रुक गया। उसे पता ही नहीं चला कि आराम करते-करते कब उसे नींद आ गई। कछुआ कहीं पर भी रुका नहीं, निरंतर चलता रहा। नतीजन वह धीरे-धीरे चलते हुए निर्धारित उद्‌देश्य (पेड़) तक पहुँचकर दौड़ जीत गया।

इस कहानी में जो कछुए ने किया, आपको भी अपने जीवन में वही करना है यानी अपनी निरंतरता को बनाए रखना है। मन में बिना कोई शंका लाए लगातार अपना कार्य करते रहना है।

आप अपने लक्ष्य तक जरूर पहुँचेंगे।

खंड ५

भाव अभिव्यक्ति

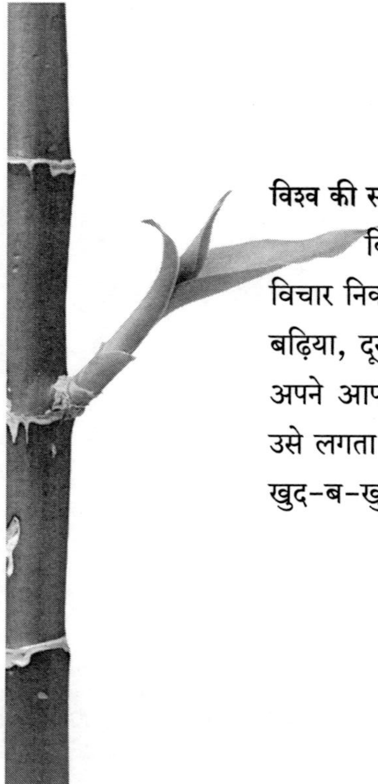

विश्व की सबसे बढ़िया भक्ति कैसे हो सकती है?

विश्व की सबसे बढ़िया भक्ति तब हो सकती है, जब आपके अंदर से यह विचार निकल जाएगा कि 'मेरी भक्ति सबसे बढ़िया होनी चाहिए' भक्ति में दूसरों से बढ़िया, दूसरों से अच्छी, ऐसी बातें नहीं होती हैं। भक्ति अपने आपमें पूर्ण है, वह अपने आपमें पुरस्कार है। दूसरों से अच्छी भक्ति हो, यह अहंकार की चाहत है, उसे लगता है कि वह दूसरों से आगे रहे। जब ऐसे भाव मन से निकल जाते हैं, तब खुद-ब-खुद बढ़िया भक्ति होने लगती है।

अध्याय 25

भावगीता

समर्पण और त्याग की उच्चतम अवस्था

द्रौपदी के पिता द्रुपद द्रोणाचार्य से नाराज थे। द्रोणाचार्य ने उन पर विजय प्राप्त कर, उन्हें उनका राज्य वापस लौटा दिया, जिससे राजा द्रुपद के अहंकार को बड़ी ठेस पहुँची। उन्हें लगा, जैसे उन्हें भीख में राज्य दिया गया हो इसलिए वे बदले की भावना से सुलग उठे। इस बदले की भावना में उन्होंने एक महायज्ञ करवाया। उस यज्ञ से उन्हें धृष्टद्युम्न नाम का बेटा और द्रौपदी नामक बेटी प्राप्त हुई। दोनों पिता की बदले की भावना से पैदा हुए थे।

द्रौपदी, श्रीकृष्ण को अपना भाई और सखा मानती थी। श्रीकृष्ण ने द्रौपदी को जो भी सलाहें दीं, द्रौपदी ने मानीं और उन पर काम भी किया। इसीलिए वह अलग-अलग गुणों के पाँच पतियों को सँभाल पाईं। जिनमें कोई तमोगुण, कोई तमोमद, कोई रजोगुण, कोई रजोमद और कोई सत्वगुणी का था। ऐसे में केवल श्रीकृष्ण की सलाह से दौपदी पाँचों पतियों में संतुलन रख पाई।

यहाँ पर मनन करके समझने योग्य बात यह है कि श्रीकृष्ण यानी सत्य, सेल्फ जिसकी सलाह से जीने पर जीवन में संतुलन स्थापित रहता है। इसलिए जब भी आपको जीवन में उचित निर्णय लेना हो तो अपने तेजस्थान पर जाकर सेल्फ के जवाब सुनें। वहीं से आपको

योग्य मार्गदर्शन मिलेगा, बुद्धि से नहीं क्योंकि बुद्धि पहले अपना स्वार्थ देखती है।

यही वजह थी कि द्रौपदी को उसके पतियों ने जुए में दाँव पर लगाया था, जिसमें उनकी हार हुई। इसके बाद दुर्योधन के आदेश पर द्रौपदी को घसीटकर दरबार में लाया गया और उसके चीरहरण का प्रयास किया जाने लगा। द्रौपदी अपनी मर्यादा की रक्षा के लिए गिड़गिड़ाने लगी पर जब उसने देखा कि शत्रु तो शत्रु हैं ही, मित्र-परिजन भी शत्रु हो गए हैं तब उसने सब छोड़कर श्रीकृष्ण की शरण ली। उसके बाद उसे श्रीकृष्ण द्वारा ज्ञान प्राप्त हुआ। अर्जुन बुद्धि में रहता था इसलिए युद्ध के मैदान में उसे श्रीकृष्ण ने शब्दों में ज्ञान दिया था। जबकि द्रौपदी को शाब्दिक नहीं बल्कि भाव में ज्ञान दिया गया। उसे श्रीकृष्ण द्वारा 'भावगीता' मिली।

भावगीता धारण करने की वह प्रक्रिया ही त्याग और समर्पण की उच्चतम अवस्था है। द्रौपदी ने जब स्वयं के शील को बचाने की अपनी शक्ति भी छोड़ दी यानी वह जिस साड़ी को पकड़े हुए थी, उसे भी छोड़ दिया तब उसे श्रीकृष्ण द्वारा ज्ञान मिला और उसने भावगीता धारण की।

कहानियों में तो ऐसा ही बताया जाता है कि 'साड़ी छोड़ने पर श्रीकृष्ण ने स्वयं उसकी साड़ी का आकार बढ़ाना शुरू किया। दु:शासन साड़ी खींचते-खींचते थक गया, उसकी शक्ति समाप्त हो गई लेकिन साड़ी समाप्त नहीं हुई।' यह द्रौपदी की आंतरिक अवस्था की ओर संकेत है, जिसके द्वारा उसके संपूर्ण समर्पण का भाव समझाने का प्रयास किया गया। हकीकत में ७०० साड़ियों के बहाने द्रौपदी को ७०० श्लोक मिले। गोल-गोल घूमकर वह उनमें दिए गए ज्ञान को आत्मसात करती रही। उस समय वह भक्ति और कृतज्ञता के भाव में पूर्णतः ग्रहणशील थी।

आइए, द्रौपदी की तरह हम भी भक्ति की उच्चतम अवस्था (भावगीता) में ग्रहणशील होकर एक प्रयोग करें।

जैसे द्रौपदी साड़ियाँ पहनते हुए गोल-गोल घूमती जा रही थी, उसी प्रकार

आपको भी थोड़ी देर के लिए पुस्तक बाजू में रखकर, अपनी जगह पर खड़े होकर भक्ति भाव से ज्ञान को ग्रहण करना है। इस प्रयोग में जैसे-जैसे बताया गया है, वैसे-वैसे करते जाएँ। इसे करने से पहले पूरी तरह से पढ़कर समझ लें, फिर करें। स्वयं को बताएँ कि इस प्रयोग को करने के पीछे मेरा उद्‌देश्य कृपा को ग्रहण करना है।

- अपनी जगह पर खड़े हो जाएँ और देखें कि आपके आस-पास थोड़ी खाली जगह रहे।
- अपने दोनों हाथ जोड़कर या सूफी संत की तरह हाथ ऊपर रखकर मंदगति से धन्यवाद के भाव में धीरे-धीरे गोल-गोल घूमना शुरू करें।
- गोल-गोल घूमते हुए आपके मन में यही भाव हों कि 'मैं ईश्वरीय ज्ञान और कृपा को ग्रहण कर रहा हूँ।'
- गोल-गोल घूमते हुए जो भाव मन में तैयार हो रहे हैं, उन्हें और बढ़ने दें।
- यदि गिरने की संभावना महसूस हो तो तुरंत रुक जाएँ या अपनी जगह पर बैठ जाएँ और केवल उस भाव को, कृपा को महसूस करें, ग्रहण करें।
- धन्यवाद-भाव के साथ-साथ अपने अंदर कृतज्ञता (एहसानमंदी) का भाव जगाएँ और ज्ञान को ओढ़ते जाएँ।
- गोल-गोल घूमते हुए अपनी गीता, कृपा और सुनहरे प्रकाश को महसूस करें, जो आप पर आ रही है, उसे ओढ़ते रहें।
- आपका ध्यान ईश्वरीय कृपा को ओढ़ने पर हो ताकि उस कृपा में मन की सारी अशुद्धियाँ नष्ट हो जाएँ। आप तमोगुण, रजोगुण, सत्वगुण से परे होकर गुणातीत अवस्था पर जा पाएँ।

यह प्रयोग एक क्रियावी प्रार्थना (प्रेयर इन ऐक्शन) है। आप इस प्रार्थना को सिर्फ आँख बंद करके बैठकर नहीं कर रहे हैं, यह आप सजगता के साथ, शरीर और भाव के साथ कर रहे हैं। इस प्रयोग में आप चुंबक बन जाते हैं। प्रार्थना में जब आप चुंबक बन जाते हैं तो सारी सकारात्मक तरंगें आपकी तरफ आकर्षित होने लगती हैं। यही भक्ति भाव और कृतज्ञता भाव की शक्ति है।

अध्याय 26

भक्ति भाव की अभिव्यक्ति

भजन

भक्ति और भजन का चोली-दामन का साथ है। भक्ति की बातें हों और भजन का जिक्र न हो, यह तो बिलकुल ऐसा हुआ जैसे अचार की कल्पना की, फिर भी मुँह में पानी न आए।

स्वर, सुर, साज, शब्द, संगीत और भाव का मिला-जुला मिश्रण है भजन। जब थोड़े से शब्दों में बहुत सारा ज्ञान और ईश्वर के प्रति अपनी भावनाएँ पिरोकर, उन्हें पूरे भाव में डूबकर गाया जाता है, तब वे पंक्तियाँ भजन बन जाती हैं। भजन ईश्वर के सामने अपने भावों को व्यक्त करने का बहुत अच्छा माध्यम है, साथ ही यह एक कला भी है। इस कला के माध्यम से मीरा, सूरदास, चैतन्य महाप्रभु, गुरु नानक, कबीर जैसे महान संतों ने अध्यात्म की गूढ़ बातों को बड़ी ही सहजता से जन-जन की जुबान तक पहुँचाया है। आज भी लोग इन संतों के भजनों और पदों से प्रेरणा पाकर ईश्वर की ओर झुकते हैं। जब कोई भक्त ईश्वर के प्रति अपने प्रेम, निष्ठा, समर्पण को भजन द्वारा अभिव्यक्त करता है तो उसकी भाव विभोर अवस्था को देखकर लोग सोचने पर मजबूर हो जाते हैं कि 'भक्ति में ऐसी क्या खास बात है, जो यह इंसान इतना आनंदित लग रहा है।' उन्हें यह आनंद कभी माया में नहीं मिलता इसलिए उस आनंद की प्राप्ति के लिए कई लोग माया से भक्ति की ओर मुड़ जाते हैं।

जब पूर्ण भक्ति भाव में डूबकर भजन गाया जाता है तब अहंकार को झुकने का मौका मिलता है। अहंकार का झुकना बहुत महत्वपूर्ण है, वह किसके आगे झुक रहा है, यह उतना महत्वपूर्ण नहीं है। भजन गाकर अहंकार समर्पण की क्रिया स्वतः ही घटने लगती है इसलिए भजनों को आज तक इतना महत्त्व दिया गया है। भक्ति से यदि अहंकार का विसर्जन हो तो भजन मन का भंजन है वरना मात्र मनोरंजन है।

भजन है सराहना, भजन है उस सृजनहार की प्रशंसा, जिसने यह संसार बनाया। भजन है प्रशंसा उस तेजस्थान की, जो हमारे ही अंदर है और वहीं से सारे विचार लहरों की तरह उमड़ते हैं। भजन है अहंकार का झुकना।

जिस भक्त के जैसे भाव होते हैं, उससे वैसा भजन निकलता है। कोई अपने भजन में 'पायो जी मैंने राम रतन धन पायो...' गाकर ईश्वर को पाने से मिली खुशी को बयान करता है तो कोई 'जरा सामने तो आओ छलिए...' गाकर ईश्वर को खोजता है। कोई 'इतनी शक्ति हमें देना दाता...' गाकर ईश्वर से अच्छे गुणों के लिए प्रार्थना करता है तो कोई, 'बंदे मत कर तू अभिमान, ये जीवन दो दिन का मेला', गाकर इंसान को उसकी असलियत याद दिलाता है।

अध्यात्म में तीन शब्दों का बड़ा गहरा अर्थ है। उन तीन शब्दों में से एक शब्द है भक्ति, जिसका एक अंश है 'भजन'। अन्य दो शब्द हैं 'सत्संग' और 'सेवा'। भजन गाकर मन सभी इच्छाओं से मुक्त होकर आज़ादी का आनंद महसूस करने लगता है।

तेजभक्ति की सौगात बहुत कम लोगों को मिलती है और यह हमारा सौभाग्य है कि हमें भक्ति की सौगात मिली है। यह सौगात मिलते ही भक्त दुनिया के आकर्षण से मुक्त होने लगता है। उस पर से माया की पकड़ हटती जाती है और बड़ी सहजता से वह अपने कर्म बंधनों से मुक्त होने लगता है। जिन्हें भी भक्ति का उपहार मिला है, वे बड़े भाग्यशाली हैं। ऐसा उपहार पाकर दुनिया के सारे उपहार फीके लगने लगते हैं। भक्ति रस में रंगने के अलग-अलग रंग और तरीके हैं। कोई भजन गाता है तो कोई नृत्य अभिव्यक्ति करता है, कोई मंदिर में पूजा-पाठ करता है तो कोई मन ही मन अपने प्रभु का नाम सिमरन

करता है।

भक्ति और भजन का यही लक्ष्य है कि हर भक्त उस अंतिम सत्य में स्थापित हो जाए, जिसे सेल्फ, स्वसाक्षी, ईश्वर, अल्लाह, स्वअनुभव जैसे कई सारे नाम दिए गए हैं। जिन्होंने भी उस अंतिम सत्य का अनुभव किया, उनके द्वारा भजन निकले और ईश्वर की सराहना हुई। यदि एक फिल्मी गाना भी समझ बढ़ाता है तो वह भजन है और भजन जो सिर्फ भोजन की याद दिलाए, वह व्यसन है।

कुछ लोग किसी देवी-देवता के जागरण समारोह में इसलिए जाते हैं क्योंकि उन्हें वहाँ का भोजन अच्छा लगता है। इसका अर्थ है वहाँ पर 'भजन' भोजन का काम कर रहा है। अर्थात समझ होने पर एक फिल्मी गाना भी मन का भंजन (मन नमन) कर सकता है और समझ न होने पर भजन केवल मनोरंजन बनकर रह जाता है। अतः यह समझ रखनी है कि जो भी भजन गाया जा रहा है, उसके पीछे भाव क्या है। वह भाव महत्वपूर्ण है, उस भाव को महसूस करें। यदि माया की बातों में उलझ गए तो भजन गाना निरर्थक है।

बिना भाव और भक्ति के भजन बने बेकार।
सूखे, मुरझाए फूलों का, जैसे हो एक हार।।

जब किसी इंसान से भक्ति की अभिव्यक्ति होती है तब उससे भजन निकलता है, कीर्तन होता है, नृत्य होता है, आँसू निकलते हैं। हर्ष, उल्लास, उत्सव, मौन, ध्यान, सेवा, प्रार्थना ये सब बातें भक्ति की अभिव्यक्ति हैं। अलग-अलग भक्त अपने ढंग से भक्ति का इजहार करते हैं। आप भी संपूर्ण भक्ति भाव से यह पुस्तक पढ़कर केवल १३ लाइन का एक भजन बनाएँ, जिसे आप आसानी से याद रखकर, हर समय गुनगुना पाएँगे। इसके लिए आगे दिए गए संत मीरा और भक्त प्रह्लाद के भजनों को गुनगुनाकर, भक्ति की भावना में डूबकर परमात्मा की सराहना करें। और हर भजन पर गहराई से मनन करके भक्ति की शक्ति को समझने का प्रिय प्रयास करें।

भजन १

एक मेहर, नजर, हम पर, प्यारे गुरुवर कर दो।
अपनी ही तरह सबको सत्‌चित्‌ आनंद कर दो।
एक मेहर, नजर हम पर प्यारे गुरुवर कर दो।

बिनती यही हमारी है, मन को गुरु नमन कर दो।
सारे विकारों को मन के गुरुवर मेरे आप हर दो।।२।।
ये मानव जन्म हम सबका गुरुवर सफल कर दो।
अपनी ही तरह सबको सत्‌चित्‌ आनंद कर दो
एक मेहर, नजर हम पर प्यारे गुरुवर कर दो।

जिस रंग में रंगे हो तुम, उस रंग में हमें रंग दो।
सुनो भक्तों की यह बिनंती, हर पल हमें अपना संग दो।।२।।
हर घटना हमें, हो स्वीकार, ऐसा जीवन कर दो।
अपनी ही तरह सबको सत्‌चित्‌ आनंद कर दो।
एक मेहर, नजर हम पर प्यारे गुरुवर कर दो।

सेवा, श्रवण, भक्ति का ये वर हमें आज दे दो।
गुरु आज्ञा में ही रहें, इस मन को यह समझ दे दो।।२।।
सबसे हम प्रेम करें, ऐसा वरदान दे दो।
अपनी ही तरह सबको सत्‌चित्‌ आनंद कर दो।
एक मेहर, नजर हम पर प्यारे गुरुवर कर दो।

भजन २

मीरा मगन भई हरि के गुण गाय।।

साँप पिटारा राणा भेज्यो, मीरा हाथ दियो जाय।

न्हाय-धोय कर देखण लागी,

सालिगराम गई पाय।।

जहर का प्याला राणा भेज्यो,

अमृत दीन बनाय।

न्हाय-धोय कर पीवण लागी, हो अमृत अंचाय।।

सूल सेज राणा ने भेजी, दीज्यो मीरा सुलाय।

सांझ भई मीरा सोवण लागी,

मानो फूल बिछाय।।

'मीरा' के प्रभु सदा सहाई,

राखे विघन हटाय।

भजन भाव में मस्त डोलत, गिरधर पै बलि जाय।।

मीरा मगन भई हरि के गुण गाय।

भजन ३

कर ना फकीरी फिर क्या दिलगिरी
सदा मगन मैं रहना जी
कोई दिन गाड़ी न कोई दिन बंगला
कोई दिन जंगल में बसना जी
कर ना फकीरी फिर क्या दिलगिरी
सदा मगन मैं रहना जी
कोई दिन डोलिया, कोई दिन कलाई,
कोई दिन बोई पर लगना जी
मीरा कहे प्रभु गिरधर नागर,
मीरा कहे प्रभु गिरधर नागर,
आने पड़े सौ सहना जी
कर ना फकीरी फिर क्या दिलगिरी
सदा मगन मैं रहना जी
कोई दिन गाड़ी न कोई दिन बंगला
कोई दिन जंगल में बसना जी
कर ना फकीरी फिर क्या दिलगिरी
सदा मगन मैं रहना जी....

भजन ४

आपका भजन

____ 1

____ 2

____ 3

____ 4

____ 5

____ 6

____ 7

____ 8

____ 9

____ 10

____ 11

____ 12

____ 13

खंड ६

परिशिष्ट

भक्ति अपने आपमें पूर्ण कैसे है?

भक्ति में ही इंसान को यह पता चलता है कि असली खुशी के लिए उसे कहीं बाहर जाने की जरूरत नहीं है।

यदि किसी इंसान के आँगन में ही अप्पूघर हो, बगीचा, हो... घर में ही ऑफिस हो, वहीं से वह अपना बिजनेस सँभालता हो... वहीं पर वह अपने बच्चों के लिए स्कूल चलाता हो तो उसे कहीं बाहर जाने की जरूरत ही नहीं होगी क्योंकि उसके घर पर ही जरूरत अनुसार सब कुछ उपलब्ध है। घूमने के लिए बगीचा, बच्चों की उन्नति के लिए स्कूल इत्यादि। बिलकुल इसी तरह भक्ति में ही सब कुछ उपलब्ध है। जब आप स्वअनुभव करके यह जान जाते हैं, तब आपको भक्त बनने का महत्त्व समझ में आता है और यह विश्वास जगता है कि भक्तियोग से ही हर कर्म को कर्मात्मा* बनाया जा सकता है और ईश्वर की इच्छा को सर-आँखों पर रखा जा सकता है। इसलिए भक्ति को पूर्ण कहा गया है।

---

* कर्मात्मा = कर्म की आत्मा = कर्म का अर्क = प्रेम + प्रज्ञा + भावना (इंटेन्शन)

अध्याय 27

मुझे मैं मिल जाऊँ

ईश्वर से कम न ज्यादा

एक फादर थे। वे किसी नए शहर में रहने के लिए गए। वे वहाँ के चर्च में फादर बन गए। उसी चर्च के पासवाले क्वार्टर में उनकी रहने की व्यवस्था की गई थी।

उनके बगलवाले घर में एक लड़का रहता था। वह बहुत जोर से गाने लगाकर नृत्य करता था। उसके घर में देर रात तक पार्टी चलती रहती थी। इससे फादर को बहुत तकलीफ होती थी। कई बार समझाने पर भी वह लड़का नहीं माना।

एक दिन फादर बहुत गुस्से में उस लड़के के घर गए। गुस्से में इंसान अकसर अपशब्दों का इस्तेमाल करता है या श्राप देता है। गुस्से में फादर उस लड़के से कुछ कहने ही जा रहे थे कि अचानक रुक गए। बिना कुछ बोले ही वे वापस अपने घर की तरफ मुड़ गए। तभी लड़के ने उन्हें रोककर पूछा, 'क्या हुआ फादर? आप मुझे कुछ कहनेवाले थे मगर बिना कहे ही वापस जा रहे हैं।' फादर ने कहा, 'मैं तुम्हें कुछ कड़वे शब्द बोलने जा रहा था, जो तुम्हारे लिए श्राप के समान थे। लेकिन तभी मेरे अंदर से आवाज आई, ''मेरे

मित्र को कुछ मत कहो'' इसलिए मैं चुप हो गया।' इतना कहकर फादर वहाँ से चले गए।

दूसरे दिन वह लड़का खुद फादर से मिलने उनके घर गया और कहने लगा, 'फादर मैं यह घर छोड़कर जा रहा हूँ।' फादर को आश्चर्य हुआ, उन्होंने पूछा, 'अचानक क्या हुआ? कहाँ जा रहे हो?' लड़के ने जवाब दिया, 'मैं अपने उस मित्र को ढूँढ़ने जा रहा हूँ, जिसने मेरा इतना खयाल रखा और मुझे श्राप से बचा लिया। आपके मुँह से निकलनेवाले अपशब्द मेरे लिए हानिकारक थे इसलिए मेरे उस मित्र ने आपको बोलने से रोक दिया। अब मैं जानना चाहता हूँ कि मेरा वह मित्र कौन है, जिसे मेरी इतनी फिक्र है?'

वह लड़का खोजी बनकर, अपने मित्र की खोज में निकल पड़ा। वह देखने लगा कि 'कैसे मेरा खयाल रखा जा रहा है... कौन रख रहा है... उसके सबूत मुझे मिल रहे हैं तो अब मुझे उसे पूरी तरह से जानना है।' भीतर जगी यही खोज उसके भक्ति की शुरुआत बनी।

भक्ति की शुरुआत दो तरह से होती है, प्रार्थना और ज्ञान से। भक्ति की शुरुआत ज्ञान से इस तरह होती है कि प्रकृति की रचना को देखकर इंसान के अंदर कुछ सवाल उठने लगते हैं जैसे मैं कौन हूँ? यह संसार किसने बनाया? संसार बनाने का मकसद क्या है? यदि ईश्वर ने संसार बनाया तो बुरे लोग क्यों बनाए? इत्यादि। वे सवाल इंसान को सोने नहीं देते। इस तरह ईश्वर की खोज शुरू होती है यानी वह खोजी बनता है।

खोजी अपने सवालों के जवाब पाने के लिए सत्य की यात्रा पर निकलता है। यात्रा के दौरान उसे अपने सवालों के जवाब मिलते जाते हैं और वह ज्ञानी बनने लगता है। धीरे-धीरे उसके सामने ब्रह्माण्ड के रहस्य उजागर होने लगते हैं। इससे उसमें आश्चर्य भाव उठता है। वह कुदरत के हर आश्चर्य को देखने लगता है कि 'आकाश में इतने पक्षी एक साथ, झुंड बनाकर उड़ते हैं परंतु आपस में कभी नहीं टकराते... आकाशगंगा में सैकड़ों तारे होने के बावजूद हर

एक के लिए भरपूर जगह उपलब्ध है... कई हजार सूर्य और अनेकों ग्रह-नक्षत्र गोल-गोल घूमते हैं फिर भी आपस में नहीं टकराते... प्रकृति में हर एक की प्रार्थना रचनात्मक तरीके से पूरी हो रही है... सूर्य अपने समय पर उगता है और अस्त होता है... पक्षियों के पास घड़ी नहीं है फिर भी वे रोज सूर्योदय होते ही घर से निकलते हैं और सूर्यास्त होने से पहले अपने घरौंदों की तरफ लौट आते हैं...' ऐसे कई आश्चर्य देख सराहना उठती है। इन आश्चर्यों और सराहना के साथ शुरुआत होती है 'भक्ति' की। इस अवस्था में पहुँचकर ज्ञानी भक्त बन जाता है।

कुछ ऐसे लोग भी हुए हैं जिनकी शुरुआत भक्ति से हुई। उदाहरण : मीराबाई, भक्त प्रह्लाद, संत तुकाराम, संत कबीर इत्यादि। जिनकी शुरुआत भक्ति से होती है उन्हें अंत में ज्ञान मिलता है और ज्ञानी को भी अंत में भक्ति मिलती है।

आपको शुरुआत ज्ञान से करनी है। ज्ञान प्राप्त करते हुए, आपको भक्ति का भी साथ अवश्य मिलेगा।

भक्ति की शुरुआत प्रार्थना से भी होती है। जब एक बच्चा अपने माता-पिता के साथ पहली बार मंदिर जाता है, तब उसके अंदर भक्ति का भाव नहीं होता। बच्चा देखता है कि मंदिर में कितने सारे लोग आ रहे हैं... भगवान की मूर्ति पर फल, फूल चढ़ा रहे हैं... सिर पर रूमाल रखकर मूर्ति के सामने झुक रहे हैं... आदर से प्रसाद ले रहे हैं... प्रसाद खा रहे हैं...। मंदिर में लोगों को थोड़ा सा भी अमृत मिले तो वे तृप्त हो जाते हैं, जबकि घर पर मिले थोड़े से शरबत से वे संतुष्ट नहीं होते। गिलास भरकर शरबत मिले तो ही उन्हें संतुष्टि महसूस होती है। मगर मंदिर में मिले थोड़े से प्रसाद से भी वे खुश हो जाते हैं।

बच्चा देखता है कि उसके माता-पिता भी अन्य लोगों की तरह भगवान की मूर्ति के सामने हाथ जोड़कर खड़े हैं... प्रसाद ले रहे हैं...। बच्चा उनसे सवाल पूछता है कि 'आप यह क्या कर रहे हैं?' माता-पिता उसे समझाते हुए कहते हैं, 'हम ईश्वर से प्रार्थना कर रहे हैं। प्रार्थना के जरिए आप भगवान से बात कर सकते हैं, उससे जो चाहे माँग सकते हैं।' यह जवाब सुनकर बच्चे के

अंदर विचार उठता है कि 'सभी लोग मंदिर में रखी ईश्वर की मूर्ति से बात कर रहे हैं लेकिन **यह मूर्ति हमसे कब बात करेगी?**' उसका यही विचार प्रार्थना का रूप ले लेता है। इस प्रार्थना में 'ईश्वर मुझसे बात करे' ऐसी माँग उठती है। यह माँग प्रार्थना बनती है और शुरुआत होती है भक्ति की।

बच्चा जैसे-जैसे बड़ा होते जाता है, समय के साथ उसकी प्रार्थनाएँ बदलती जाती हैं। उसके द्वारा की गई प्रार्थनाओं की पूर्ति होते देख, उसके अंदर ईश्वर के प्रति विश्वास जाग्रत होने लगता है। जब इंसान को यह पक्का होता है कि ईश्वर से चाहे जो भी माँगे, वह मिलता ही है, तब उसके अंदर से यह प्रार्थना उठती है कि **'मुझे मैं मिल जाऊँ।' या 'हे ईश्वर अब तुमसे कम कुछ नहीं चाहिए। तुमसे कम में अब संतुष्टि नहीं होगी और तुमसे ज्यादा दुनिया में कुछ है ही नहीं।'**

जब इंसान को इस बात पर विश्वास होता है कि 'कोई मुझसे भी शक्तिशाली है और वही मेरी सभी समस्याएँ सुलझा सकता है' तब वह पूर्ण भाव से प्रार्थना करता है। अपनी प्रार्थना का परिणाम देखने के बाद उसमें भक्ति की शुरुआत होती है।

अध्याय 28

भक्ति पर सवाल

शंका समाधान

1) यदि भक्ति के शुरुआती दौर में डर, दुविधा, चिंता जैसी रुकावटें आगे बढ़ने से रोक रही हैं तो उन्हें दूर कैसे करें?

भक्ति की शुरुआत में कुछ अड़चनें जरूर आएँगी क्योंकि शुरुआत में भक्ति इंसान की वृत्तियों से बड़ी नहीं होती। जब आपकी भक्ति आपके पैटर्न से थोड़ी सी भी बढ़ जाती है तब आप उपरोक्त समस्याओं से ऊपर उठने लग जाते हैं।

आपके भीतर के पैटर्नस्, गलत संस्कार समस्याओं को और अधिक बढ़ा देते हैं। इसलिए आपको खोज के द्वारा उन समस्याओं को एक नए दृष्टिकोण से देखना है। अर्थात आपको भक्ति के साथ-साथ ज्ञान को भी जोड़ना चाहिए। आपको खुद से यह पूछताछ करनी चाहिए कि 'जो समस्या मुझे दिखाई दे रही है, जिसके कारण बाधा महसूस हो रही है, वह वाकई में उतनी बड़ी बाधा है या मुझे ऐसा लग रहा है?'

जब भी कोई दुविधा आए तो यह प्रार्थना करें कि 'मुझे सुलझन का आनंद चाहिए। सुलझन का आनंद ही मेरे जीवन में आए। मैं प्रेम, आनंद, मौन के साथ

हर जगह उपस्थित रह पाऊँ, ईश्वरीय आनंद मेरे जीवन में पूरी तरह से प्रकट हो।' इस तरह प्रार्थना करके आप एक विश्वास बीज डालते हैं।

वर्तमान के हर पल का आपको आनंद लेना है। वर्तमान में चाहे आपको गाली मिले या ताली, आपको दोनों का आनंद लेना है। अपनी हर कथा (शिकायत) पर मनन करने से आपके भीतर खुशी की भावना बढ़ने लगेगी। अब चाहे घटना पुरानी ही क्यों न हो, उसे याद करके आपको खुशी ही होगी।

भक्ति की शुरुआत में ये सब बातें आपको अपने जीवन में आनेवाली हर चीज को पसंद करना सिखाएँगी। फिर कोई भी समस्या आए तो भी आप मनन करेंगे कि इस समस्या में पसंद करने लायक कौन सी बातें हैं।

बच्चों के शिक्षाकाल में हर साल परीक्षा आती है तो वह जरूरी है। उस परीक्षा में कई बच्चों को तनाव आता है मगर यदि सही समझ हो तो बच्चे उस तनाव का भी आनंद ले सकते हैं। तनाव बच्चों के पंख खोलने के लिए आता है। बच्चे के पंख अब तक अंदर दबे हुए, चिपके हुए थे, उन्हें खोलने के लिए ताकत की आवश्यकता थी। तनाव से वही ताकत मिलती है।

सही प्रार्थना की तो आप बहुत जल्दी देखेंगे कि तनाव की समस्या समाप्त हो गई, उलझने का समय चला गया। अब सुलझनवाली सारी बातें आपको दिखाई देने लगेंगी। समझ के साथ आप एक समस्या से बाहर आए तो आगे आनेवाली कई सारी समस्याओं से बच जाएँगे।

2) आध्यात्मिक लक्ष्य तक पहुँचने में भक्ति हमारी मदद कैसे करती है?

भक्ति आपको वृत्तियों से मुक्ति दिलाती है। अध्यात्म आसान है, कठिन नहीं है। कठिनाई है इंसान की वृत्ति, भूलने की आदत, सत्य के प्रति प्यास की कमी। अध्यात्म जैसी आसान चीज में भक्ति आनंद जोड़ देती है। भक्ति के साथ इंसान की हर वृत्ति समर्पित हो जाती है। वृत्ति समर्पित होते ही सब आसान हो जाता है क्योंकि अब इंसान में होश जाग्रत होने लगता है। वह निरंतर होश के साथ जीना शुरू कर देता है।

अध्यात्म तो पहले से ही तैयार है। उसे कोई रोकनेवाला नहीं है। मगर धर्म के नाम पर लोग अपनी वृत्तियों को ही बढ़ावा देते हैं।

वृत्तियाँ ऐसी चीज हैं कि धार्मिक लोग भी उनमें फँस जाते हैं और उन वृत्तियों के जरिए अपना काम करते हैं। वे ऊँचा पद पाने के लिए, लोगों पर नियंत्रण लाने के लिए वृत्तियों का इस्तेमाल करते हैं। इस प्रकार वृत्तियों के कारण एक अच्छी चीज यानी धर्म भी लोगों को भ्रमित करने लग जाता है। फिर असली चीज (अंतिम सत्य) लोगों तक पहुँचाना बंद हो जाता है।

जो लोग वृत्तियों के आदि होते हैं वे सोचते हैं कि यदि हम आम लोगों को असली चीज के बारे में बताएँगे तो वे हमारे नियंत्रण में नहीं रहेंगे इसलिए आम लोगों को सच्चाई बतानी ही नहीं चाहिए। इस तरह जब आध्यात्मिक लोगों ने सच्चाई बताना बंद कर दी तो कुछ समय में उसका परिणाम दिखाई नहीं दिया मगर जब कई सालों तक लोगों को सच्चाई से महरूम रखा गया तब वे तथाकथित धर्म के नियंत्रण में आए।

जिन लोगों ने असली धर्म, असली चीज को छिपाया, आगे चलकर वे खुद भी उस असलियत यानी अंतिम सत्य को भूल गए। जब कोई फिर से खोज करता है तो वह असली सत्य को प्राप्त कर पाता है। अध्यात्म में भक्ति अपनी वृत्तियों को बाजू में रखने के लिए प्रेरणा देती है और सच्चाई को महत्त्व देना सिखाती है। जो सच है, उसके लिए डटकर रहें, यह भक्ति हमें सिखाती है।

3) **भक्ति में ऐसी अवस्था कब या कौनसे स्तर पर आती है, जब भक्ति नियामत लगने लगती है?**

भक्ति हमें नियामत लगे ऐसी अवस्था तब आएगी, जब भक्ति इन ऍक्शन शुरू होगी, क्रिया में उतरेगी। भक्ति की शुरुआत भाव से होती है, फिर वह विचारों में आती है, फिर वाणी में आती है और अंत में क्रिया में उतरती है। जीवन में भक्ति का प्रभाव जितना बढ़ता है, उतनी ही तेजी से भक्ति क्रिया में अभिव्यक्त होने लगती है। क्रिया में आने के बाद ही भक्ति नियामत यानी वरदान लगने लगती है।

वैसे तो भक्ति को किसी नियम में नहीं बिठाया जा सकता मगर नियामत बनाने के लिए ही भक्ति नियम बनता है। भक्ति को नियामत बनाने के लिए इंसान पहले कुछ नियमों से शुरुआत करता है मगर बाद में वे सभी बातें नियमों

के पार पहुँच जाती हैं। भक्ति जब क्रिया में आती है तब उसकी शक्ति में कोई भी वृत्ति नहीं टिक पाती। लालच की वजह से जिन चीजों को आप छोड़ नहीं पा रहे थे, अब वे चीजें भी भक्ति में छूटने लगती हैं। क्रियावी भक्ति में इच्छा शक्ति (विल पॉवर) का इस्तेमाल करने की जरूरत नहीं पड़ती। भक्ति की शक्ति से यदि आपके जीवन में ये सब हो रहा है तो भक्ति आपके लिए नियामत बन गई है।

4) कौन सी बातें हमें भक्ति से दूर करती हैं?

जब आप दिखावटी सत्य (जो दिखाई देता है पर होता नहीं है) पर विश्वास करते हैं तब आप भक्ति से दूर हो जाते हैं। दिखावटी सत्य इंसान पर इतना हावी हो जाता है कि वह उन्हीं बातों को सत्य मान बैठता है। आज लोगों पर दिखावटी सत्य का प्रभाव ज्यादा है इसी लिए सत्संग की आवश्यकता महसूस होती है। सत्संग की वजह से अदृश्य पृथ्वी लक्ष्य का असर इंसान पर होने लगता है। ईश्वर आपके लिए जो उच्चतम चीज निर्माण कर रहा है, वह अदृश्य में है। निर्माण करना ईश्वर का स्वभाव है। वह उसके सारे गुण इंसान को देना चाहता है। मगर वे गुण अदृश्य में हैं इसलिए आप उन्हें अपनी ताकत नहीं बना पा रहे हैं। जिन चीजों को आप आसानी से देख पाते हैं, उन पर मनन कर पाते हैं, वे आपमें आने लगती हैं और आपके जीवन में बढ़ने लगती हैं।

जैसे पड़ोसी के घर में टी.वी. देखा तो आपके मन में इच्छा जगती है कि 'ऐसा टी.वी. मेरे घर में भी होना चाहिए।' तो आपके विचारों द्वारा उत्पन्न हुई प्रार्थना की प्रक्रिया शुरू होने लगती है और आप देखते हैं कि कुछ ही दिनों में आपके घर में भी वैसी ही टी.वी. आ जाती है। आपने टी.वी. देखी थी इसलिए उसे लाना भी आसान था। मगर जो चीज दिखाई नहीं देती, उसे दृश्य रूप में लाने के लिए बल देना होता है। सत्संग उसी के लिए होते हैं। सत्य का श्रवण करने से अदृश्य की बातों को प्रकट होने का बल मिलता है। इसलिए सत्य श्रवण निरंतरता से करना, यह जीवन का सबसे उच्चतम निर्णय है।

5) **क्या यह मान लेना सही है कि भक्ति जगते ही हमें सब कुछ अच्छा और सही लगने लगेगा और सभी शिकायतें बंद हो जाएँगी या फिर यह केवल एक मान्यता है?**

भक्ति जगते ही सब अच्छा लगने लगेगा या जीवन में कोई शिकायत नहीं रहेगी, ऐसा नहीं होता। भक्ति में साधना द्वारा पकना जरूरी है। भक्ति जगते ही कुछ अच्छा लगने लगता है। यह अच्छा लगने का भाव जितना बढ़ेगा, समझौता करना उतना ही आसान महसूस होने लगेगा। जब आपको किसी बात से बुरा लगता है तब आप छोटी-छोटी बातों पर भी चिढ़ते हैं। आनंदित अवस्था में आप बहुत आसानी से सामनेवाले को माफ कर पाते हैं।

विश्व में आज तक जो भी निर्माण हुए हैं, वे आनंदित क्रिएटर द्वारा ही हुए हैं। ऐसे निर्माण में जो चीज बनेगी, वह कम समय में भी अच्छी बनेगी। उसकी तरंग भी उच्च होगी। जिस कार्य में 8-10 लोग जुड़ते हैं, वहाँ वाद-विवाद होने लगते हैं। आनंदित क्रिएटर बहुत आसानी से एक-दूसरे को माफ कर पाते हैं। जब बहुत सारे लोग इकट्ठा काम करते हैं तो विचारधारा में टकराव होना स्वाभाविक है। इसके बावजूद यदि सभी का दृष्टिलक्ष्य भक्ति ही है तो आप आसानी से जुड़कर आगे बढ़ सकते हैं। भक्ति जगने के बाद भी शिकायत उठेगी मगर इंसान उस शिकायत पर जो कलाबाजियाँ लगाता था, वे कम होना शुरू हो जाएँगी।

जब आप भक्ति की ऊँचाई पर पहुँचेंगे तब जीवन में कोई शिकायत नहीं बचेगी क्योंकि आपकी बाँसुरी (शरीर) खाली हो चुकी होगी। उसमें शिकायत के लिए कोई स्थान नहीं बचेगा। पहले उसमें अहंकार के पत्थर भरे हुए थे इसलिए शिकायतों को बहुत जगह मिलती थी लेकिन अब अहंकार निकल गया तो शिकायत को रुकने के लिए जगह ही नहीं होगी। बचेंगे केवल 7 शब्द।

यह पुस्तक पढ़ने के बाद आप अपना अभिप्राय (विचार सेवा) इस Mail ID पर भेज सकते हैं ... books.feedback@tejgyan.org

तेजज्ञान फाउण्डेशन द्वारा प्रस्तुत सोशल मीडिया ऐक्टिविटिज

तेजज्ञान फाउण्डेशन - मुख्य शाखाएँ

पुणे (रजिस्टर्ड ऑफिस) – विक्रांत कॉम्प्लेक्स, तपोवन मंदिर के नज़दीक, पिंपरी, पुणे-४११ ०१७. फोन : 020-27411240, 27412576

मनन आश्रम – सर्वे नं. ४३, सनस नगर, नांदोशी गाँव, किरकटवाडी फाटा, तहसील- हवेली, जिला- पुणे - ४११ ०२४. फोन : 09921008060

यू टयूब द्वारा प्रार्थना में शामिल हो सकते हैं

गुड मॉर्निंग प्रेयर हर रोज़ सुबह 6.15am-6.25am

ध्यान प्रार्थना बीज :
3.30pm-3.45pm & 9pm -9.15pm

YouTube channels

यू ट्यूब पर सरश्री के प्रवचनों का लाभ लेने के लिए आज ही यू ट्यूब चैनल को सबस्क्राइब करें।

सरश्री तेजज्ञान यूट्यूब चैनल	**हॅपी थॉट्स परम ज्ञान यूट्यूब चैनल**	**हॅपी थॉट्स तेजज्ञान यूटयूब चैनल**

*****Voice of Happy Thoughts App**

Registration link :

https://happythoughts.co/
Contact No. : 7447797317

Social Media